FROZEN YOGURTS

Erfrischende Rezepte zum Selbermachen

Constance & Mathilde Lorenzi
Styling Sabrina Fauda-Rôle
Fotos David Japy

CHRISTIAN

it mylk

VORWORT

Herzlich willkommen in der Welt des Joghurts! Wir haben für Sie alles stehen und liegen gelassen, um uns einer großen Aufgabe zu stellen: In 61 Rezepten möchten wir Ihnen den Grund für unsere Joghurtleidenschaft demonstrieren …

Lange Zeit galt Joghurt als das »Anti-Dessert« schlechthin, ein Nachtisch, den man anbietet, wenn gar nichts anderes im Haus ist, ein trauriges Viererpack, das man peinlich berührt aus dem Kühlschrank zieht, und sich dabei dafür entschuldigt, keine Schokoladentorte gebacken zu haben. Für uns hingegen ist Joghurt die wesentliche Zutat für alle angesagten Desserts! Wir haben beschlossen, den Joghurt zu rehabilitieren und nach allen Regeln der Kunst einzusetzen.

Dieses Buch wird Ihnen zeigen, wie Sie Ihre eigenen Frozen Yogurts, aber auch Frozen Sandwiches, überraschende Joghurtkompositionen, Milchshakes und Kuchen auf der Basis unseres Lieblingsproduktes zubereiten. Wir freuen uns sehr, Ihnen die Pforten zu unserem Joghurt-Universum öffnen zu dürfen, und wünschen Ihnen glückliche Stunden bei der Zubereitung und Verkostung Ihrer Frozen Yogurts. Der Ehrlichkeit halber müssen wir Sie allerdings darauf hinweisen, dass beim Verzehr von Frozen Yogurts höchste Suchtgefahr besteht. Oft reicht schon ein einziger Löffel …

XXX

Constance & Mathilde Lorenzi

Kapitel 1

Geschichten rund um den Joghurt

DIE GESCHICHTE DES FROZEN YOGURT

DIE ALLERERSTEN FROZEN YOGURTS

Der Frozen Yogurt – anfangs unter dem Namen »Frogurt« geläufig – wird in den 1970er-Jahren von der Gesellschaft H. P. Hood, einer Firma für Milchprodukte in Neuengland in den Vereinigten Staaten, erfunden. 1978 verkauft die Restaurantkette Brigham's (Eis, Sandwiches und Bonbons) mit Sitz in Boston den ersten einzeln verpackten Frozen Yogurt unter dem Namen »Humphreez Yogart«. Das beantwortet Dannon, die amerikanische Tochter des Danone-Konzerns, unverzüglich mit »Danny«, einem mit Zartbitterschokolade überzogenen Frozen-Yogurt-Himbeereis am Stiel. Aber der Erfolg lässt auf sich warten. Zeitgenössischen Kunden schmeckt das Produkt, auch wenn es viel gesünder ist als herkömmliche Eiscreme, zu sehr nach gewöhnlichem Joghurt: viel zu sauer, viel zu wenig Zucker.

DIE ERSTEN FROZEN-YOGURT-KETTEN

In den 1980er-Jahren entstehen die ersten Frozen-Yogurt-Ketten. Sie bieten süßere Produkte mit neuen Rezepturen und Geschmacksrichtungen an, bei denen man fast vergisst, dass es sich um Joghurt handelt. Überall in den USA eröffnen Filialen von »The Country's Best Yogurt« (TCBY) und »I Can't Believe It's Yogurt«. Ein neuer Trend ist geboren, die Verbraucher surfen begeistert auf der Fitness- und Lightprodukt-Welle.
In der zweiten Hälfte der 1980er-Jahre steigen die Verkäufe von Frozen Yogurt um 200 %. Ende der 1990er ebbt die Euphorie dann wieder etwas ab: Die traditionellen Eismarken haben reagiert und ihre eigenen kalorienarmen Produkte auf den Markt gebracht, die dem Frozen Yogurt den Rang ablaufen.

DIE FROZEN-YOGURT-WELLE IN DEN USA

Ab Mitte der 2000er betreten die bis heute marktführenden Marken den Plan und eine zweite Frozen-Yogurt-Manie ergreift die USA. Im Januar 2005 eröffnet »Pinkberry«, eine von einem koreanisch-amerikanischen Paar gegründete Kette, mit großem Erfolg ihr erstes Geschäft in Los Angeles – nicht zuletzt dank verschiedener amerikanischer Sternchen wie Paris Hilton. Die Schlange vor dem Laden nimmt kein Ende und verursacht in der Gegend Verkehrsstaus, die wiederum für weitere Publicity sorgen. Im September 2006 eröffnet ein zweites Geschäft, heute gibt es weltweit mehr als 200. Die südkoreanische Kette »Red Mango« macht ihren ersten Laden in den Vereinigten Staaten 2007 auf, heute verfügt sie über 190 Geschäfte auf der ganzen Welt.

DER FROZEN YOGURT EROBERT DEN PLANETEN

Spätestens seit 2010 befindet sich der Frozen Yogurt auf dem Siegeszug durch die ganze Welt. In England, Deutschland, Spanien, Frankreich und China schießen Verkaufsketten nur so aus dem Boden, denn Frozen Yogurt steht ganz im Zeichen von gesunder Ernährung und Genuss ohne Reue. Gleichzeitig ersinnen die verschiedenen Firmen immer neue Präsentationsformen, Geschmacksrichtungen und Topping-Varianten: Sojamilch, griechischer Joghurt, Gojibeeren, Selbstbedienung – der Frozen Yogurt scheint sich jeden Tag neu zu erfinden.

LAIT
Frais
Pasteurisé entier
Lait pasteurisé
Bouteille 1 litre 1,46 €

FROZEN YOGURT À LA FRANÇAISE

VERLIEBT IN JOGHURT

Als waschechte Pariserinnen teilen wir ein paar charakteristische Merkmale: eine übertriebene Liebe zu den Terrassen von Saint-Germain-des-Prés, einen hinreißenden Mops namens Marcel und vor allem eine unkontrollierbare Sucht nach Joghurt: Naturjoghurt, Joghurt mit Früchten oder weißer Schokolade, cremig gerührt, zum Trinken oder aus dem großem Becher. Bei einer Trennung, bei einer Hochzeit oder zum Entgiften – jeder Anlass ist uns dazu recht, die Löffelchen zu zücken!

VOM JOGHURT ZUM FROZEN YOGURT

Aber diesen Joghurt wollten wir neu inszenieren, ihn aus der hinteren Kühlschrankecke holen, um ihn in DAS neue Trendprodukt zu verwandeln. Gesagt, getan: Schluss mit Marketingkursen und Unternehmensberatungen und ab nach New York auf der Suche nach Inspirationen. Kurz darauf erblickte die Idee vom Frozen Yogurt à la Française das Licht der Welt. Im April 2010 eröffneten wir unser erstes »it-mylk«-Geschäft in Paris. Es folgten ein Stand am Montmartre und einer am Flughafen Roissy-Charles-de-Gaulle, ein Store in einem Pariser Kaufhaus und viele kleine Eiswagen, die mit Beginn der warmen Jahreszeit durch die Hauptstadt flitzen.

UNSER FROZEN YOGURT

»It mylk« steht für hausgemachtes Joghurteis mit 0 % Fett – Natur oder mit Geschmack –, das man mit den unterschiedlichsten Toppings kombiniert genießen kann: mit frischen Früchten, leckeren Karamellsplittern, Mini-Macarons, Fruchtmus, Streuseln, Knuspermüsli … Die Grundlagen sind einfach: sich ganz ohne schlechtes Gewissen etwas Köstliches gönnen, frische, sorgfältig ausgewählte Produkte, mit ganzem Herzblut ausgearbeitete Rezepte und vor allem qualitativ hochwertiger Joghurt. Unser Frozen Yogurt ist auch eine Geisteshaltung. Einen Frozen Yogurt genießen heißt, das verbotene gefrorene Dessert endlich wieder mit ungetrübter Freude essen zu dürfen. Und da das Eis »ultralight« ist, sind ein paar Brownie-Stückchen, etwas Dulce de Leche oder weiße Schokotropfen darauf doch kein Verbrechen, oder?

DIE ANDEREN JOGHURTREZEPTE

Aber Joghurt beherrscht unser Denken nicht nur als Frozen Yogurt, sondern auch in seinen anderen unwiderstehlichen Erscheinungsformen, ob in Frozen Sandwiches, frischen Dessertkompositionen, Milchshakes oder Kuchen. Dieses Buch wird Ihnen zeigen, wie Sie aus fertig gekauftem Joghurt mithilfe einer Eismaschine, eines Mixers oder einfach im Gefrierfach Ihren eigenen Frozen Yogurt herstellen können. Außerdem erfahren Sie alles Wissenswerte über die Zubereitung anderer Joghurtprodukte und mit welchen Begleitern sie am besten schmecken.

GLACE AU YAOURT 0%
CLASSIC IT MYLK
GRANOLA
YAOURT
CÉRÉALES
FRUITS
CRUMBLE
YAOURT
CRUMBLE DE SAISON
COMPOTE À L'ANCIENNE
CHOCOLAT
YAOURT
PALETS DE CHOCOLAT
DULCE DE LECHE

»IT MYLK« – NOCH EINE JOGHURTGESCHICHTE

AUF DER SUCHE NACH DEM PERFEKTEN JOGHURT

Ohne einen guten Joghurt kann man natürlich auch keinen guten Frozen Yogurt entwickeln. Vor der Eröffnung unseres ersten Geschäfts machten wir uns also auf eine echte »Tour de France« in Sachen Joghurthersteller. Diese führte uns nach über sechsmonatiger Suche auf einen Bauernhof im Pariser Umland, wo wir den für unseren Geschmack besten Joghurt, Frischkäse und Quark fanden.

PARADIES VOR DEN TOREN VON PARIS

Auf dem 17 Kilometer von Paris entfernt in Jouy-en-Josas gelegenen Anwesen Viltain werden Getreide angebaut und Milchkühe gehalten. Mit seinem Hofladen für die eigenen Produkte, einem Pflückgarten (50 Hektar Obst, Gemüse und Blumen) sowie einem öffentlichen Melkstand demonstriert der Hof Gastfreundlichkeit und innovatives Denken.

DAS GEHEIMNIS: GLÜCKLICHE KÜHE

Nach nur einem Besuch in Viltain hatten wir verstanden, warum der dort hergestellte Joghurt so gut ist. Das Geheimnis ist der einer Wellnessoase würdige Umgang mit den 300 glücklichen Milchkühen. Sie werden umhegt und gepflegt wie Kobe-Rinder, schlafen auf Tatami-Matten und wohnen, als Krönung des tierischen Luxuslebens, in einem Stall mit elektrisch betriebenen Bürsten, die mit der Rückenmassage beginnen, sobald eine der Kühe unter ihnen hindurchgeht.

VON DER KUH ZUM JOGHURT

Nach dem Melken der Kühe wird die Milch zur Molkerei gebracht. Dort wird zunächst die Qualität geprüft. Dann wird die Milch pasteurisiert, das heißt 15 Sekunden lang auf 72 °C erhitzt, anschließend auf 43 °C abgekühlt und mit zwei Milchfermenten – *Lactobacillus bulgaricus* und *Streptococcus thermophilus* – versetzt. In geschlossenen Behältern bleibt sie dann drei Stunden in der Wärmekammer, damit sich die Fermente vermehren und die Milch in Joghurt verwandeln können.

UND DER JOGHURT MIT 0 % FETT?

Er wird aus entrahmter, also fettfreier Milch hergestellt. Der Weg von der Milch zum Joghurt hat dabei also einen Schritt mehr: Vor der Weiterverarbeitung werden Milch und Sahne mithilfe einer Milchzentrifuge getrennt.

DER STAR UNTER DEN ZUTATEN: JOGHURT

GRIECHISCHER JOGHURT

Griechischer Joghurt ist einfach perfekt für die Herstellung hausgemachter Frozen Yogurts! Er ist mit Sahne angereichert, was ihm eine besonders cremige Konsistenz verleiht. In Griechenland wird er traditionell aus Schafsmilch gemacht und in Holz- oder Keramiktöpfen aufbewahrt. Er war unverzichtbarer Bestandteil der Nahrung von Schafhirten. Heute wird er meist aus Kuhmilch hergestellt. Er enthält fast doppelt so viel Eiweiß wie Naturjoghurt und ist daher stark sättigend. Da er fetter ist, plädieren wir für die fettfreie Variante!

SCHAFSMILCHJOGHURT

Dieser Joghurt mit einem hohen Eiweißgehalt wird aus Schafsmilch hergestellt, ist also eine schmackhafte, gesunde Alternative für alle, die keine Kuhmilch vertragen. Alle Rezepte in diesem Buch lassen sich problemlos auch mit Schafsmilchjoghurt zubereiten!

CREMIG GERÜHRTER JOGHURT

Während die Fermentierung bei schnittfesten Joghurts erst im Becher stattfindet, erfolgt sie bei den cremig gerührten vor dem Umrühren in den Bottichen. Der Unterschied zwischen diesen beiden Joghurtsorten ist also die Herstellungstechnik. Zur Zubereitung von Frozen Yogurt bevorzugen wir cremig gerührten Joghurt. Mit einem gut durchgerührten schnittfesten Joghurt erreicht man aber das gleiche köstliche Ergebnis.

QUARK

Dieser nicht ganz ausgereifte Käse wird meistens aus Kuhmilch hergestellt. Sein prozentualer Fettanteil hängt von dem der verwendeten Milch – Vollmilch, teilentrahmte Milch oder entrahmte Milch – ab. Zur Quarkherstellung werden der Milch Lab und Fermente zugesetzt, damit sie gerinnt. Quark eignet sich hervorragend zur Zubereitung von Desserts und Kuchen.

UNGEWÖHNLICH GESUND: UNSERE BESONDEREN ZUTATEN

AGAVENSIRUP

Dieses natürliche Süßungsmittel wird aus dem Saft der Blauen Agave oder *Agave tequilana* gewonnen. Gefiltert, erhitzt und zum Sirup eingedickt ähnelt der Saft flüssigem Honig. Er besteht hauptsächlich aus Fruktose (dem natürlichen Zucker der Früchte) und hat einen niedrigen glykämischen Index, weshalb er von vielen Diabetikern gut vertragen wird. Gleichzeitig gestattet seine hohe Süßkraft, die Zuckermenge zu reduzieren. Schon die Azteken schätzten ihn und brachten ihn den Göttern als Opfergabe dar. Dank seines neutralen Geschmacks und der intensiven Süße ist er ein vielseitig einsetzbarer Zuckerersatz.

HAFERKLEIE

Früher stand Haferkleie, die Schalen des Haferkorns, nur auf dem Speiseplan von Pferden, heute gehört sie zu den Superstars der Diätküche. Reich an löslichen Pflanzenfasern, die Fette und Kohlenhydrate gleichzeitig verzehrter Lebensmittel mit abführen, reduziert die Haferkleie die Kalorienzufuhr. Außerdem kann sie fast das Dreißigfache des eigenen Volumens an Wasser aufnehmen, was zu einem schnelleren Sättigungsgefühl beiträgt, wenn sie zu einer Mahlzeit eingenommen wird. Obendrein reduziert Haferkleie den Cholesterinspiegel und beugt Dickdarmkrebs vor. Empfohlene Dosis: nicht mehr als 2 EL täglich pro Person.

SPIRULINA

Diese über 3 Milliarden Jahre alte, blau-grüne Mikroalge mit unglaublich guten Eigenschaften in Bezug auf Ernährung und Gesundheit findet sich hauptsächlich in Indien, Mexiko und Afrika und wird in Form von Pulver oder Tabletten angeboten. Sie enthält Protein von bester Qualität, Omega 6, Mineralien und Spurenelemente. Spirulina soll vorzeitiger Alterung entgegenwirken, das Immunsystem stärken und Haarausfall verlangsamen.

YUZU

Diese kleine, je nach Reifegrad grüne oder gelbe Zitrusfrucht stammt ursprünglich aus Ostasien. Die Frucht selbst ist voller Kerne, aber die stark duftende Schale und der Saft werden in der japanischen Küche häufig verwendet. Yuzus sind reich an Vitamin C, lindern rheumatische Beschwerden und senken den Cholesterinspiegel. Als Badezusatz wirken ihre ätherischen Öle entspannend und beruhigend. Als Massageöl soll Yuzu sogar Cellulite entgegenwirken!

GRÜNKOHL

Der Grünkohl ist die einzige Kohlsorte, die nicht in Form von Köpfen wächst, sondern lange Stiele mit dunkelgrünen, krausen Blättern ausbildet. Schon im Mittelalter sehr geschätzt, erfährt das aromatische Wintergemüse derzeit im Zuge der Gesundheitswelle ein verdientes Comeback auf unseren Tellern. Grünkohl wirkt antioxidierend, hat einen hohen Anteil an Ballaststoffen, wenig Kalorien und ist eine echte Nährstoffbombe. Man kann ihn roh oder gekocht essen, als Salat, Beilage oder in der Suppe, auf der Quiche, als Saft …

LEINSAMEN

Lein, landläufig auch als Flachs bekannt, ist eine einjährige Pflanze, die vor allem in Regionen mit gemäßigtem oder tropischem Klima wächst. Dass ihre Samen so beliebt sind, liegt an deren hohem Gehalt an pflanzlichem Omega 3. Bitte beachten: Damit der menschliche Körper die Inhaltsstoffe der Samen bestmöglich verwerten kann, müssen sie gemahlen werden. Ansonsten wirken die Körner nur als verdauungsfördernde Ballaststoffe. Leinsamen wird nachgesagt, das Brust- und Dickdarmkrebsrisiko zu senken und das Immunsystem zu stärken. Ihr leicht nussiger Geschmack passt zu Crêpes, Obstsalat und nicht zuletzt zu Joghurt!

ゆず
自然の恵
ゆず果汁
100%

HILFSMITTEL ZUR HERSTELLUNG VON FROZEN YOGURT

DIE EISMASCHINE

Zwei Typen von Eismaschinen sind für die Herstellung von Frozen Yogurt geeignet: Eismaschinen mit Gefrierbehälter und solche mit Kühlkompressor. Das Funktionsprinzip ist bei allen Geräten das gleiche, sehr einfache: Die Zutatenmischung* in die Eismaschine geben und 20–30 Minuten – je nach Leistung der Maschine und der zuzubereitenden Menge an Frozen Yogurt – unter Rühren gefrieren lassen. Den Frozen Yogurt anschließend ins Gefrierfach stellen, bis er die gewünschte Konsistenz erreicht hat.

— Eismaschine mit Gefrierbehälter
Diese schlichtere Variante von Eismaschinen ist erheblich preiswerter als Geräte mit Kältekompressor, man bekommt sie in jedem Haushaltswarengeschäft. Da die Maschine die nötige Kälte nicht selbst erzeugt, muss man den Gefrierbehälter vor jeder Verwendung für mindestens zwölf Stunden ins Gefrierfach stellen.

— Eismaschine mit Kältekompressor
Diese normalerweise bei der gewerblichen Produktion verwendete Art von Maschinen ist teurer und benötigt mehr Platz, ist aber sofort einsatzbereit und ermöglicht es, auch mehrere Sorten von Frozen Yogurt hintereinander herzustellen.

DAS GEFRIERFACH

Hausgemachte Frozen Yogurts gelingen aber auch ganz ohne Eismaschine! Man muss die Zutatenmischung* nur in einen für das Gefrierfach geeigneten, luftdicht verschließbaren Behälter füllen und mindestens vier Stunden gefrieren lassen (auch hier hängt die Zeit natürlich von der Leistung des Gefrierfachs und der Menge ab). Wichtig ist aber, die Masse stündlich aus dem Gefrierfach zu nehmen und umzurühren. Nur so wird die Entstehung von Eiskristallen vermieden und der Frozen Yogurt erhält die gewünschte cremige Konsistenz.

DER MIXER (»BLITZ-FROZEN-YOGURT«)

Frozen Yogurt ohne Eismaschine in fünf Minuten? Das geht! Sie benötigen nur tiefgekühlte Früchte und einen Mixer. In dem Gerät werden die Tiefkühlfrüchte und die Frozen-Yogurt-Masse vermischt. Aber Achtung: Die tiefgekühlten Früchte erst unmittelbar vor der Verarbeitung aus dem Gefrierfach nehmen! Wenn möglich, stellen Sie auch den Joghurt vor der Verwendung 15 Minuten ins Gefrierfach. Mixen Sie gerade so lange, dass eine homogene Masse mit der Konsistenz von Speiseeis entsteht. Für eine festere Konsistenz stellen Sie den Joghurt in einem geeigneten Gefäß zusätzlich für 1 Stunde ins Gefrierfach. Man kann auch frisches Obst verarbeiten. Die Früchte einfach in große Stücke schneiden, in einen luftdicht verschließbaren, zum Einfrieren geeigneten Behälter füllen und etwa vier Stunden lang tiefkühlen.

* *Grundzezepte für Frozen Yogurts siehe Seite 24–26.*

ANRICHTEN UND DEKORIEREN

PRÄSENTATION

— Sundae-Methode
Hilfsmittel: Spritzbeutel mit breiter Sterntülle
Gefäß: farbige Muffin- oder Cupcakeformen
Tipp: Den Spritzbeutel vor dem Verwenden 1 Stunde ins Gefrierfach legen. Achtung beim Anfassen: Er ist kalt, sehr kalt; besser Handschuhe anziehen!

— Kugeln (der Klassiker)
Hilfsmittel: Eisportionierer
Gefäß: Schüsselchen oder Teller
Tipp: Die Größe der Kugeln variieren: Zum Beispiel auch Minikugeln mit einem Apfelausstecher formen oder diese sogar auf Holzstäbchen stecken und als »Spieße« servieren!

— Nockerln (der Gastronomietrend)
Hilfsmittel: zwei große Löffel
Serviergefäß: Teller
Tipp: Nehmen Sie den Frozen Yogurt 15 Minuten vor der Verarbeitung aus dem Gefrierfach, damit er ein bisschen weicher wird und sich leichter formen lässt. Mit einem großen Löffel Nockerln aus der Masse abstechen und das Eis dann so von einen Löffel auf den anderen schieben, dass die Oberfläche glatt und gleichmäßig wird. Für möglichst glatte Nockerln die beiden Löffel vor der Verwendung in heißes Wasser tauchen. Im Fachhandel sind auch Eisportionierer für Nockerln erhältlich!

DEKOIDEEN

— Fähnchen
Hilfsmittel: farbig bedrucktes Klebeband,
Schere, Zahnstocher

1. Einen etwa 5 cm langen Streifen Klebeband abschneiden.
2. Einen Zahnstocher in die Mitte des Streifens legen.
3. Das Klebeband so zusammenklappen, dass der Zahnstocher in der Mitte fixiert wird.
4. An der äußeren Kante des Klebebands ein V ausschneiden.
5. Das Fähnchen auf den Kuchen oder den Frozen Yogurt setzen.

— Designstrohhalme
Für Milchshakes.
Hilfsmittel: Strohhalm, farbig bedrucktes Klebeband, Schere

1. Einen handelsüblichen Strohhalm in einer Spirale mit dem Klebeband umwickeln
2. Überstehende Ecken des Klebebands an beiden Enden abschneiden.
3. Den Strohhalm in den Milchshake stecken.

MÖVENPICK

Kapitel 2

Frozen Yogurts

FROZEN YOGURT NATUR

FROZEN YOGURT NATUR

Für 6 Portionen • Zubereitung 5 Minuten, plus 25 Minuten in der Eismaschine oder 4 Stunden im Gefrierfach

500 G CREMIG GERÜHRTER NATURJOGHURT, 80 G ZUCKER, 200 ML SAHNE

Hilfsmittel: HANDRÜHRGERÄT, EISMASCHINE

Den Joghurt und den Zucker so lange mit dem Handrührgerät verrühren, bis sich der Zucker vollständig aufgelöst hat. Die Sahne steif schlagen, dann Joghurt und Zucker hinzugeben. Alles mit dem Rührgerät verrühren. Die Mischung in die Eismaschine geben und mindestens 25 Minuten rühren und gefrieren lassen.

IM GEFRIERFACH

Die Masse in einen für das Gefrierfach geeigneten, luftdicht verschließbaren Behälter füllen. Das Eis mindestens 4 Stunden gefrieren lassen (abhängig von der Leistung des Gefrierfachs und der Menge). Einmal stündlich aus dem Gefrierfach nehmen und durchrühren. Das verhindert das Entstehen von Eiskristallen und der Frozen Yogurt erhält die gewünschte cremige Konsistenz.

FROZEN YOGURT 0 % FETT

Für 6 Portionen • Zubereitung 5 Minuten, plus 25 Minuten in der Eismaschine oder 4 Stunden im Gefrierfach

500 G GRIECHISCHER NATURJOGHURT 0 % FETT, 2 EL AGAVENSIRUP, 2 EL ENTRAHMTE MILCH, SAFT VON ½ ZITRONE

Hilfsmittel: HANDRÜHRGERÄT, EISMASCHINE

Den Joghurt und den Agavensirup mit dem Handrührgerät schaumig schlagen. Die Milch und den Zitronensaft dazugeben und sorgfältig unterrühren. Die Mischung in die Eismaschine geben und mindestens 25 Minuten rühren und gefrieren lassen.

IM GEFRIERFACH

Die Masse in einen für das Gefrierfach geeigneten, luftdicht verschließbaren Behälter füllen. Das Eis mindestens 4 Stunden gefrieren lassen (abhängig von der Leistung des Gefrierfachs und der Menge). Einmal stündlich aus dem Gefrierfach nehmen und durchrühren. Das verhindert das Entstehen von Eiskristallen und der Frozen Yogurt erhält die gewünschte cremige Konsistenz.

MARCELS EINKAUFSTIPP: GRIECHISCHER NATURJOGHURT MIT 0 % FETT

Inzwischen ist auch fettarmer griechischer Joghurt in vielen Supermärkten zu bekommen oder natürlich im griechischen Lebensmittelladen. Sie können ihn durch cremig gerührten Joghurt 0 % ersetzen, das Ergebnis wird dann aber weniger cremig.

AROMATISIERTE FROZEN YOGURTS

ERDBEER, 0 % FETT

Für 6 Portionen • Zubereitung 5 Minuten, plus 25 Minuten in der Eismaschine oder 4 Stunden im Gefrierfach

500 G ERDBEEREN, 2 EL AGAVENSIRUP,
500 G GRIECHISCHER NATURJOGHURT 0 % FETT

Hilfsmittel: MIXER, EISMASCHINE

Die Erdbeeren waschen, von den Stielansätzen befreien und im Mixer pürieren. Das Erdbeerpüree und den Agavensirup in einer Schüssel mit dem Joghurt zu einer homogenen Masse verarbeiten. Diese in die Eismaschine geben und mindestens 25 Minuten rühren und gefrieren lassen. Alternativ in einem luftdichten Behälter mindestens 4 Stunden im Gefrierfach gefrieren lassen. Einmal stündlich herausnehmen und durchrühren.

VANILLE, 0% FETT

Für 6 Portionen • Zubereitung 5 Minuten, plus 25 Minuten in der Eismaschine oder 4 Stunden im Gefrierfach

3 EIER, SALZ, 80 G ZUCKER (ODER 1 ½ EL SÜSSSTOFF),
MARK VON 1 VANILLESCHOTE, 500 G GRIECHISCHER
ODER CREMIG GERÜHRTER NATURJOGHURT 0 % FETT

Hilfsmittel: HANDRÜHRGERÄT, EISMASCHINE

Die Eier trennen. Das Eiweiß mit einer Prise Salz steif schlagen. Das Eigelb in einer Schüssel mit dem Zucker gründlich verquirlen. Das Vanillemark einrühren, dann das Eiweiß behutsam unterheben. Die Mischung in die Eismaschine geben und 25 Minuten rühren und gefrieren lassen. Alternativ in einem luftdichten Behälter mindestens 4 Stunden im Gefrierfach gefrieren lassen. Einmal stündlich herausnehmen und durchrühren.

SALZKARAMELL

Für 6 Portionen • Zubereitung 5 Minuten, plus 25 Minuten in der Eismaschine oder 4 Stunden im Gefrierfach

500 G CREMIG GERÜHRTER JOGHURT, 60 G ZUCKER,
200 ML SAHNE, 150 G SALZKARAMELLCREME
(Z. B. CRÈME SALIDOU), MARK VON 1 VANILLESCHOTE

Hilfsmittel: HANDRÜHRGERÄT, EISMASCHINE

Den Joghurt und den Zucker verrühren. Die Sahne steif schlagen. Die Joghurtmischung unterrühren. Mit der Salzkaramellcreme und dem Vanillemark zu einer glatten Masse verarbeiten. Diese in die Eismaschine geben und 25 Minuten rühren und gefrieren lassen. Alternativ in einem luftdichten Behälter mindestens 4 Stunden im Gefrierfach gefrieren lassen. Einmal stündlich herausnehmen und durchrühren.

SCHOKOLADE

Für 6 Portionen • Zubereitung 5 Minuten, plus 25 Minuten in der Eismaschine oder 4 Stunden im Gefrierfach

120 G BITTERSCHOKOLADE, 120 ML SAHNE,
30 G KAKAOPULVER, 120 G ZUCKER,
500 G GRIECHISCHER NATURJOGHURT

Hilfsmittel: EISMASCHINE

Die Schokolade im Wasserbad schmelzen. Vom Herd nehmen und die Sahne unterrühren. Den Kakao und den Zucker untermischen. Mit dem Joghurt zu einer glatten Masse verarbeiten. Diese 1 Stunde ins Gefrierfach stellen. Anschließend in die Eismaschine geben und 25 Minuten rühren und gefrieren lassen. Alternativ in einem luftdichten Behälter mindestens 4 Stunden im Gefrierfach gefrieren lassen. Einmal stündlich herausnehmen und durchrühren.

Frozen Yogurts

TOPPINGS

KNUSPERMÜSLI

Ergibt 300 g Knuspermüsli (6–7 Portionen)
Zubereitung 10 Minuten • Backzeit 20 Minuten

100 G HAFERFLOCKEN, 25 G GERSTE, 35 G GEHACKTE HASELNÜSSE, 35 G GEHACKTE MANDELN, 15 ML SONNENBLUMENÖL, 3 EL HONIG, 1 TL ZIMT, 30 G ROSINEN

Den Backofen auf 150 °C vorheizen. Alle Zutaten außer den Rosinen vermischen und die Mischung auf einem mit Backpapier ausgelegten Backblech verteilen. Im Backofen 20–30 Minuten goldbraun rösten, dabei gelegentlich wenden. Abkühlen lassen, dann die Rosinen untermischen.

STREUSEL

Ergibt 300 g Streusel (6–7 Portionen)
Zubereitung 15 Minuten • Backzeit 20 Minuten

75 G ZUCKER, 75 G BUTTER, 75 G MEHL, 75 G GEMAHLENE MANDELN

Den Backofen auf 200 °C vorheizen. Ein Backblech mit Backpapier auslegen. Mit den Fingerspitzen den Zucker in die Butter einarbeiten. Das Mehl und die gemahlenen Mandeln dazugeben und alles mit den Fingern zu Streuseln verreiben. Die Streusel 10 Minuten kühlen, dann auf dem Backblech verteilen und 15 Minuten goldbraun backen.

APFELMUS

Ergibt 300 g (6–7 Portionen)
Zubereitung 10 Minuten • Kochzeit 20 Minuten

2 ÄPFEL, GESCHÄLT UND IN STÜCKE GESCHNITTEN, 35 G ROHROHRZUCKER, 2 EL LAUWARMES WASSER

Alle Zutaten in einem Topf vermischen und bei niedriger Temperatur zugedeckt 20 Minuten köcheln lassen, dabei von Zeit zu Zeit umrühren.

SCHLEMMER-TOPPINGS

SCHOKOLADE
Mit dem Sparschäler geraspelte Schokolade, Nussnugatcreme, zerbröselte Schokoladenkekse …
GEBÄCK
Selbst gebackene oder fertige Kuchen, in Würfel geschnitten oder zu Krümeln zerbröselt …
BONBONS
Schaumzucker- oder Weingummibonbons

GESUNDE TOPPINGS

MÜSLI/TROCKENFRÜCHTE
Das Müsli vom Frühstück, gehackte Nüsse, Trockenfrüchte (Cranberrys, Bananenchips, Kokosraspel …)
FRISCHE FRÜCHTE
Frische Früchte, in Würfeln (Erdbeeren, Kiwi …)

KÜCHENCHEF MARCELS SÜSSE EMPFEHLUNGEN

Knuspermüsli hält sich in einem luftdicht verschlossenen Glas mehrere Wochen, man kann es also in großen Mengen zubereiten! Varianten: 20 g getrocknete Bananen, Kokosraspel, getrocknete Cranberrys, Schokoladentropfen oder gebrannte Pekannüsse. Obstmus-Varianten: Erdbeer-Rhabarber, Birne, Mango-Kokosnuss …

SAUCEN

SCHOKOLADENSAUCE

Ergibt 500 g Sauce (6 Portionen)
Zubereitung 10 Minuten

200 G DUNKLE SCHOKOLADE, 40 ML SAHNE, 200 ML MILCH, 40 G BUTTER, 40 G ZUCKER

Die Schokolade grob zerkleinern. Die Sahne und die Milch bei niedriger Temperatur erwärmen. Den Topf vor dem Aufkochen vom Herd nehmen. Die Schokoladenstücke in die Sahnemischung geben und unter Rühren schmelzen lassen. Die Butter und den Zucker dazugeben und die Mischung unter ständigem Rühren erhitzen, bis sie glatt ist.

HIMBEERSAUCE

Ergibt 500 g Sauce (6 Portionen)
Zubereitung 10 Minuten • Kühlzeit 1 Stunde

500 G HIMBEEREN, 120 ML AGAVENSIRUP, 2 EL ZITRONENSAFT

Die Himbeeren waschen und zusammen mit dem Agavensirup und dem Zitronensaft in einem kleinen Topf unter Rühren aufkochen. Die Mischung vom Herd nehmen und die Sauce durch ein Sieb passieren, um die Himbeerkerne zu entfernen. Zum Abkühlen in den Kühlschrank stellen.

DULCE DE LECHE

Ergibt 500 g Sauce (6 Portionen)
Zubereitung 10 Minuten • Kochzeit 1 Stunde

1 L VOLLMILCH, 350 G PUDERZUCKER (ODER WEISSER ZUCKER UND ROHROHRZUCKER ZU GLEICHEN TEILEN), 1 TL NATRON, MARK VON 1 VANILLESCHOTE, 1 PRISE FLEUR DE SEL

Alle Zutaten in einem Topf bei hoher Temperatur unter ständigem Rühren erhitzen. Wenn die Milch zu kochen anfängt, die Temperatur reduzieren und die Mischung unter ständigem Rühren köcheln lassen, bis sie eindickt. Den Topf in kaltes Wasser stellen, um den Kochvorgang zu unterbinden.

SCHNELLE ERDBEERSAUCE

Ergibt 500 g Sauce (6 Portionen)
Zubereitung 5 Minuten

500 G ERDBEEREN, 2 EL ZUCKER, BALSAMICO-ESSIG

Die Erdbeeren waschen, von den Stielansätzen befreien und in kleine Stücke schneiden. Zusammen mit dem Zucker und einem Spritzer Essig im Mixer zu einer glatten Sauce pürieren. Nach Belieben noch durch ein Sieb passieren, um die Kernchen zu entfernen.

MARCELS TIPP ZUR AUFBEWAHRUNG

Sie können die Schokoladensauce in einem mit Frischhaltefolie abgedeckten Behälter im Kühlschrank aufbewahren. Bei Bedarf dann einfach im Wasserbad erhitzen und wieder verflüssigen.

KNUSPERMÜSLI-FROZEN-YOGURT

BASIS: FROZEN YOGURT NATUR

Für 6 Portionen
Zubereitung 15 Minuten
Kochzeit 20–30 Minuten

800 G FROZEN YOGURT NATUR*

Knuspermüsli

100 G HAFERFLOCKEN
25 G GERSTE
35 G HASELNÜSSE, GROB GEHACKT
35 G MANDELN, GROB GEHACKT
1 EL SONNENBLUMENÖL
3 EL HONIG
1 TL GEMAHLENER ZIMT
1 PRISE SALZ
30 G ROSINEN

Fruchtmischung

2 BANANEN
200 G ERDBEEREN (ODER ANDERE FRÜCHTE NACH GESCHMACK, Z. B. KIWIS, ÄPFEL …)

Hilfsmittel

SPRITZBEUTEL MIT BREITER STERNTÜLLE

** 800 g Frozen Yogurt Natur enthalten etwa 500 g cremig gerührten Joghurt, 200 ml Sahne, 80 g Zucker … das ist alles (siehe Seite 24).*

Den Spritzbeutel samt Tülle einige Minuten ins Gefrierfach legen, damit sie schön kalt werden.

Für das Knuspermüsli den Backofen auf 150 °C vorheizen. Alle Zutaten außer den Rosinen vermischen und die Mischung auf einem mit Backpapier ausgelegten Backblech verteilen. Im Backofen 20–30 Minuten goldbraun rösten, dabei gelegentlich wenden. Abkühlen lassen, dann die Rosinen untermischen.

Für die Fruchtmischung die Bananen schälen und in Scheiben schneiden. Die Erdbeeren waschen und der Länge nach vierteln.

Falls der Frozen Yogurt im Voraus hergestellt wurde, 10 Minuten vor dem Anrichten aus dem Kühlschrank nehmen, damit er sich besser verarbeiten lässt. Mithilfe eines Teigschabers in den Spritzbeutel füllen. Den Frozen Yogurt à la Sundae in sechs Servierschälchen spritzen, dann mit Knuspermüsli und der Fruchtmischung bestreuen. Sofort servieren.

APFELMUS & STREUSEL

BASIS: FROZEN YOGURT NATUR

Für 6 Portionen
Zubereitung 15 Minuten
Kochzeit 20, plus 15 Minuten Backzeit

800 G FROZEN YOGURT NATUR *

Apfelmus

2 SCHÖNE ÄPFEL (Z. B. BOSKOOP ODER EINE ANDERE KOCHAPFELSORTE)
2 EL LAUWARMES WASSER
35 G ROHROHRZUCKER

Streusel

75 G ZUCKER
75 G WEICHE BUTTER
75 G WEIZENMEHL
75 G GEMAHLENE MANDELN

Hilfsmittel

SPRITZBEUTEL MIT BREITER STERNTÜLLE

Den Spritzbeutel und die Tülle einige Minuten in das Gefrierfach legen, damit sie schön kalt werden.

Für das Apfelmus die Äpfel schälen, entkernen und in Stücke schneiden. Das Wasser und den Rohrzucker in einen Topf geben und die Apfelstücke darin bei niedriger Temperatur zugedeckt etwa 20 Minuten weich kochen, dabei ab und zu mit einem Holzlöffel umrühren.

Für die Streusel den Backofen auf 200 °C vorheizen. Ein Backblech mit Backpapier auslegen. Mit den Fingerspitzen den Zucker in die Butter einarbeiten. Das Mehl und die gemahlenen Mandeln dazugeben und alles mit den Fingern zu Streuseln verreiben. Die Streusel 10 Minuten kühlen, dann auf dem Backblech verteilen und 15 Minuten goldbraun backen.

Falls der Frozen Yogurt im Voraus hergestellt wurde, 10 Minuten vor dem Anrichten aus dem Kühlschrank nehmen, damit er sich besser verarbeiten lässt. Die Mischung mithilfe eines Teigschabers in den Spritzbeutel füllen. À la Sundae in sechs Serviergefäße spritzen. 1 EL Apfelmus auf jede Portion geben, mit den Streuseln bestreuen und die Frozen Yogurts sofort servieren.

** 800 g Frozen Yogurt Natur enthalten etwa 500 g cremig gerührten Joghurt, 200 ml Sahne, 80 g Zucker ... das ist alles (siehe Seite 24).*

MARCELS TIPP FÜR EILIGE

Noch schneller können Sie genießen, wenn Sie die selbst gemachten Streusel durch grob zerbröselte Kekse ersetzen.

it mylk

ERDBEERKUCHEN-FROZEN-YOGURT

BASIS: FROZEN YOGURT NATUR

Für 6 Portionen
Zubereitung 10 Minuten
Ruhezeit 30 Minuten
Kochzeit 10 Minuten

800 G FROZEN YOGURT NATUR *

Keksböden

1 EI
50 G ZUCKER
200 G MEHL
75 G WEICHE BUTTER

Belag

250 G ERDBEEREN
1 EL ZERSTOSSENE PISTAZIEN

Hilfsmittel

SPRITZBEUTEL MIT BREITER STERNTÜLLE

Den Spritzbeutel samt Tülle einige Minuten in das Gefrierfach legen, damit sie schön kalt werden.

Für die Keksböden den Backofen auf 200 °C vorheizen. Das Ei mit dem Zucker verquirlen. Nach und nach das Mehl und die weiche Butter einarbeiten und die Mischung mit den Fingerspitzen zu einem glatten Teig verkneten. Diesen mit der Teigrolle auf einem Blatt Backpapier ausrollen und 30 Minuten kühl stellen. Den Teig anschließend in unregelmäßig geformte Kreise schneiden. Diese auf ein mit Backpapier ausgelegtes Backblech legen und 10 Minuten backen. Anschließend auf dem Blech auskühlen lassen.

Für den Belag die Erdbeeren waschen und in Scheiben schneiden.

Falls der Frozen Yogurt im Voraus hergestellt wurde, 10 Minuten vor dem Anrichten aus dem Kühlschrank nehmen, damit er sich besser verarbeiten lässt. Die Mischung mithilfe eines Teigschabers in den Spritzbeutel füllen. Jeden Keks zuerst mit Erdbeerscheiben belegen und dann je einen Tupfen Frozen Yogurt darauf spritzen. Mit zerstoßenen Pistazien bestreuen und sofort servieren.

** 800 g Frozen Yogurt Natur enthalten etwa 500 g cremig gerührten Joghurt, 200 ml Sahne, 80 g Zucker ... das ist alles (siehe Seite 24).*

MARCELS DEKO-TIPP

Verleihen Sie den Erdbeeren besonderen Glanz, indem Sie sie zusätzlich mit etwas Erdbeergelee bestreichen.

ZITRONENTARTE-FROZEN-YOGURT

BASIS: FROZEN YOGURT NATUR

Für 6 Portionen
Zubereitung 45 Minuten
Backzeit 1 Stunde 45 Minuten

800 G FROZEN YOGURT NATUR *

Zitronencreme
180 ML ZITRONENSAFT
3 EIER
1 EL SPEISESTÄRKE
200 ML AGAVENSIRUP

Baisers
2 EIWEISS
150 G ZUCKER

Streusel
40 G ZUCKER
40 G WEICHE BUTTER
40 G WEIZENMEHL
40 G GEMAHLENE MANDELN

Hilfsmittel
2 SPRITZBEUTEL, 1 BREITE STERNTÜLLE
UND 1 GLATTE TÜLLE

** 800 g Frozen Yogurt Natur enthalten etwa 500 g cremig gerührten Joghurt, 200 ml Sahne, 80 g Zucker … das ist alles (siehe Seite 24).*

Einen Spritzbeutel und die Sterntülle einige Minuten ins Gefrierfach legen, damit sie schön kalt werden.

Für die Zitronencreme den Zitronensaft in einem Topf aufkochen, dann den Herd abstellen. In einer Schüssel die Eier mit der Speisestärke und dem Agavensirup zu einer glatten Mischung verquirlen. Diese zu dem Zitronensaft in den Topf geben und alles bei mittlerer Temperatur unter Rühren eindicken lassen. Abkühlen lassen.

Für die Baisers den Backofen auf 120 °C vorheizen. Das Eiweiß mit 75 g Zucker steif schlagen. Den restlichen Zucker unterheben. Ein Backblech mit Backpapier auslegen. Mithilfe eines Esslöffels kleine Häufchen Baisermasse mit ausreichend Abstand darauf setzen. 20 Minuten im Ofen trocknen lassen, dann die Temperatur auf 100 °C reduzieren und die Baisers noch 1 Stunde weitertrocknen. Abkühlen lassen, dann in Stücke brechen.

Für die Streusel den Backofen auf 200 °C vorheizen. Ein Backblech mit Backpapier auslegen. Mit den Fingerspitzen den Zucker in die Butter einarbeiten. Das Mehl und die gemahlenen Mandeln dazugeben und alles zu Streuseln verreiben. Die Streusel 10 Minuten kühlen, dann auf dem Backblech verteilen und 15 Minuten backen.

Falls der Frozen Yogurt im Voraus hergestellt wurde, 10 Minuten vor dem Anrichten aus dem Kühlschrank nehmen. In den Spritzbeutel füllen, à la Sundae in sechs Schüsselchen spritzen und mit Baiserstücken und Streuseln bestreuen. Die Zitronencreme in den anderen Spritzbeutel füllen und die Portionen damit betropfen.

MARCELS TIPP FÜR EILIGE

Die selbst gemachten Baisers einfach durch fertig gekaufte ersetzen.

YUZU & KEKS

BASIS: FROZEN YOGURT NATUR

Für 6 Portionen
Zubereitung 10 Minuten
Kochzeit 20 Minuten
Ruhezeit 30 Minuten

800 G FROZEN YOGURT NATUR*

Kekse

1 EI
50 G ZUCKER
200 G MEHL
75 G WEICHE BUTTER

Yuzu-Creme

180 ML YUZU-SAFT
(AUS DEM ASIALADEN)
3 EIER
1 EL SPEISESTÄRKE
200 G AGAVENSIRUP

Hilfsmittel

SPRITZBEUTEL MIT BREITER STERNTÜLLE

Den Spritzbeutel samt Sterntülle einige Minuten in das Gefrierfach legen, damit sie schön kalt werden.

Für die Kekse den Backofen auf 200 °C vorheizen. Das Ei mit dem Zucker verquirlen. Nach und nach Mehl und weiche Butter dazugeben. Die Mischung mit den Fingerspitzen zu einem glatten Teig verkneten. Diesen mit der Teigrolle auf einem Backpapier ausrollen und 30 Minuten kühl stellen. Den Teig anschließend in beliebig geformte Stücke schneiden. Diese auf ein mit Backpapier ausgelegtes Backblech legen und 10 Minuten goldbraun backen. Auf dem Blech auskühlen lassen.

Für die Yuzu-Creme den Yuzu-Saft in einem Topf aufkochen lassen, dann den Herd abstellen. In einer Schüssel die Eier mit der Speisestärke und dem Agavensirup zu einer glatten, klümpchenfreien Mischung verrühren. Diese zu dem Yuzu-Saft in den Topf gießen und alles unter ständigem Rühren mit einem Holzlöffel bei mittlerer Temperatur köcheln und eindicken lassen. Vom Herd nehmen und abkühlen lassen.

Falls der Frozen Yogurt im Voraus hergestellt wurde, 10 Minuten vor dem Anrichten aus dem Kühlschrank nehmen, damit er sich besser verarbeiten lässt. Die Mischung mithilfe eines Teigschabers in den Spritzbeutel füllen. Die Yuzu-Creme auf kleine Schüsselchen verteilen. Den Frozen Yogurt à la Sundae auf die Yuzu-Creme spritzen und alles mit Keksstückchen bestreuen. Sofort servieren.

** 800 g Frozen Yogurt Natur enthalten etwa 500 g cremig gerührten Joghurt, 200 ml Sahne, 80 g Zucker ... das ist alles* *(siehe Seite 24).*

MARCELS TIPP FÜR EILIGE

Die selbst gemachten Kekse nach Belieben durch gekaufte ersetzen.

HEISSE SCHOKOLADE & MARSHMALLOWS

BASIS: FROZEN YOGURT NATUR

Für 6 Portionen
Zubereitung und Kochzeit 15 Minuten

800 G FROZEN YOGURT NATUR *

Traditionelle heiße Schokolade
400 ML VOLLMILCH
200 ML WASSER
150 ML SAHNE
40 G ROHROHRZUCKER
30 G KAKAOPULVER
200 G SCHOKOLADE
6 EL MINI-MARSHMALLOWS

Hilfsmittel
SPRITZBEUTEL MIT BREITER STERNTÜLLE

Den Spritzbeutel samt Sterntülle einige Minuten in das Gefrierfach legen, damit sie schön kalt werden.

Für die heiße Schokolade die Milch, das Wasser und die Sahne erhitzen, ohne sie zum Kochen zu bringen. Den Zucker und das Kakaopulver dazugeben und alles gründlich verrühren. Die Schokolade grob hacken und in eine Schüssel geben. Die warme Schokoladenmilch darübergießen und alles mit einem Teigschaber zu einer glatten Mischung verarbeiten. Die Mischung in den Topf zurückgießen und bei mittlerer Temperatur unter ständigem Rühren eindicken lassen.

Falls der Frozen Yogurt im Voraus hergestellt wurde, 10 Minuten vor dem Anrichten aus dem Kühlschrank nehmen, damit er sich besser verarbeiten lässt. Die Mischung mithilfe eines Teigschabers in den Spritzbeutel füllen. Die heiße Schokolade auf vier Servierschüsselchen verteilen, den Frozen Yogurt à la Sundae daraufspritzen und alles mit Mini-Marshmallows bestreuen. Sofort servieren.

** 800 g Frozen Yogurt Natur enthalten etwa 500 g cremig gerührten Joghurt, 200 ml Sahne, 80 g Zucker ... das ist alles (siehe Seite 24).*

PFIRSICH & ROSMARIN

BASIS: FROZEN YOGURT NATUR

Für 6 Portionen
Zubereitung und Kochzeit 15 Minuten

800 G FROZEN YOGURT NATUR *

Pfirsichkompott
5 PFIRSICHE
1 EL BUTTER
3 EL AGAVENSIRUP
2 ROSMARINZWEIGE

Hilfsmittel
SPRITZBEUTEL MIT BREITER STERNTÜLLE

Den Spritzbeutel samt Tülle einige Minuten in das Gefrierfach legen, damit sie schön kalt werden.

Für das Pfirsichkompott die Pfirsiche schälen und in Viertel schneiden. Die Butter in einer Pfanne schmelzen. Den Agavensirup dazugeben und karamellisieren lassen. Die Pfirsichviertel und die Rosmarinzweige hinzufügen und alles 3–4 Minuten bei niedriger Temperatur köcheln lassen. Dabei die Pfanne immer wieder schwenken. Das Pfirsichkompott vom Herd nehmen und vollständig auskühlen lassen, dann den Rosmarin herausnehmen.

Falls der Frozen Yogurt im Voraus hergestellt wurde, 10 Minuten vor dem Anrichten aus dem Kühlschrank nehmen, damit er sich besser verarbeiten lässt. Die Mischung mithilfe eines Teigschabers in den Spritzbeutel füllen. Das Pfirsichkompott auf sechs Schüsselchen verteilen. Die Frozen Yogurts à la Sundae auf das Pfirsichkompott spritzen. Sofort servieren.

** 800 g Frozen Yogurt Natur enthalten etwa 500 g cremig gerührten Joghurt, 200 ml Sahne, 80 g Zucker ... das ist alles (siehe Seite 24).*

MARCELS GEHEIMTIPP FÜR MEHR ABWECHSLUNG

Sie können den Agavensirup durch Rosmarinhonig ersetzen, um die mediterrane Note zu verstärken. Wenn Sie rote Früchte lieben, geben Sie am Ende der Kochzeit 200 g geviertelte Erdbeeren zum Pfirsichkompott dazu.

Frozen Yogurts

KARAMELL

BASIS: VANILLE-FROZEN-YOGURT

Für 6 Portionen
Zubereitung 15 Minuten
Kochzeit 10 Minuten

800 G VANILLE-FROZEN-YOGURT *

Karamell-Topping

50 G BRAUNER ZUCKER
1 TL ORANGENLIKÖR
1 GEWÜRZNELKE

Hilfsmittel

MIXER
SPRITZBEUTEL MIT BREITER STERNTÜLLE

Den Spritzbeutel samt Tülle einige Minuten in das Gefrierfach legen, damit sie schön kalt werden.

Für das Topping den Backofen auf 200 °C vorheizen. Den Zucker, den Likör und die Gewürznelke im Mixer gründlich vermischen. Ein Backblech mit Backpapier auslegen. Die Zuckermasse darauf verstreichen und etwa 10 Minuten im Backofen karamellisieren lassen. Den Vorgang sorgfältig überwachen, die Mischung darf nicht anbrennen. Anschließend einige Minuten abkühlen und erhärten lassen, dann die Karamellplatte in kleine Stücke brechen.

Falls der Frozen Yogurt im Voraus hergestellt wurde, 10 Minuten vor dem Anrichten aus dem Kühlschrank nehmen, damit er sich besser verarbeiten lässt. Die Mischung mithilfe eines Teigschabers in den Spritzbeutel füllen. À la Sundae in sechs Serviergefäße spritzen und das Topping darauf verteilen. Sofort servieren.

** 800 g Vanille-Frozen-Yogurt enthalten etwa 500 g griechischen Joghurt 0 %, 4 kleine Eier, 80 g Zucker, 1 Vanilleschote, eine Prise Salz ... das ist alles (siehe Seite 26).*

SALZKARAMELL & ERDNUSS

BASIS: SALZKARAMELL-FROZEN-YOGURT

Für 6 Portionen
Zubereitung 10 Minuten
Kochzeit ungefähr 1 Stunde
Abkühlzeit 45 Minuten

800 G SALZKARAMELL-FROZEN-YOGURT *

Gebrannte Erdnüsse

250 ML WASSER
150 G UNGESALZENE ERDNÜSSE MIT HAUT
200 G ZUCKER

Hilfsmittel

SPRITZBEUTEL MIT BREITER STERNTÜLLE

Den Spritzbeutel samt Tülle einige Minuten ins Gefrierfach legen, damit sie schön kalt werden.

Für die gebrannten Erdnüsse das Wasser, die Erdnüsse und den Zucker in einen Topf geben. Das Wasser zum Kochen bringen, dann die Temperatur reduzieren und alles etwa 40 Minuten bei niedriger Temperatur köcheln lassen, bis das Wasser vollständig verdampft ist. Die Temperatur ein wenig erhöhen und die Mischung weitere 20 Minuten erhitzen und rühren, bis die Erdnüsse von einer Karamellschicht umhüllt sind. Auf einem Blatt Backpapier abkühlen lassen.

Falls der Frozen Yogurt im Voraus hergestellt wurde, 10 Minuten vor dem Anrichten aus dem Kühlschrank nehmen, damit er sich besser verarbeiten lässt. Die Joghurtmischung mithilfe eines Teigschabers in den Spritzbeutel füllen. À la Sundae in sechs Serviergefäße spritzen und die gebrannten Erdnüsse darüber verteilen. Sofort servieren.

** 800 g Salzkaramell-Frozen-Yogurt enthalten etwa 500 g cremig gerührten Joghurt, 150 g Salzkaramellcreme, 200 ml Sahne, 60 g Zucker ... das ist alles (siehe Seite 26).*

SCHOKOLADE & KANDIERTE MARONEN

BASIS: SCHOKOLADEN-FROZEN-YOGURT

Für 6 Portionen
Zubereitung 10 Minuten
Kochzeit 5 Minuten

800 G SCHOKOLADEN-FROZEN-YOGURT *
180 G KANDIERTE MARONEN, GROB ZERKLEINERT

Schokoladensauce

40 ML SAHNE
200 ML MILCH
200 G DUNKLE SCHOKOLADE
40 G BUTTER
40 G PUDERZUCKER

Hilfsmittel

SPRITZBEUTEL MIT BREITER STERNTÜLLE

Den Spritzbeutel samt Tülle einige Minuten ins Gefrierfach legen, damit sie schön kalt werden.

Für die Schokoladensauce die Sahne und die Milch bei niedriger Temperatur erhitzen. Vor dem Aufkochen vom Herd nehmen. Die Schokolade grob zerkleinern und zu der Milchmischung geben. Alles mit einem Holzlöffel verrühren, bis die Schokolade geschmolzen ist. Den Topf auf den Herd zurückstellen, Butter und Puderzucker dazugeben und die Mischung unter ständigem Rühren erhitzen, bis eine glatte Masse entstanden ist.

Falls der Frozen Yogurt im Voraus hergestellt wurde, 10 Minuten vor dem Anrichten aus dem Kühlschrank nehmen, damit er sich besser verarbeiten lässt. Die Mischung mit einem Teigschaber in den Spritzbeutel füllen. À la Sundae in sechs Serviergefäße spritzen. Die kandierten Maronen darüber verteilen und jede Portion mit Schokoladensauce beträufeln. Sofort servieren.

** 800 g Schokoladen-Frozen-Yogurt enthalten etwa 500 g griechischen Joghurt, 120 ml Sahne, 120 g Zucker, 120 g dunkle Schokolade, 30 g Kakao ... das ist alles* *(siehe Seite 26).*

SALZKARAMELL & CHURROS

BASIS: SALZKARAMELL-FROZEN-YOGURT

Für 6 Portionen
Zubereitung 15 Minuten
Kochzeit 15 Minuten

800 G SALZKARAMELL-FROZEN-YOGURT *

Schokoladensauce

40 ML SAHNE
200 ML MILCH
200 G DUNKLE SCHOKOLADE
40 G BUTTER
40 G PUDERZUCKER

Churros

ÖL ZUM FRITTIEREN
300 ML WASSER
200 G MEHL
½ EL ZUCKER
50 G PUDERZUCKER

Hilfsmittel

SPRITZBEUTEL MIT BREITER STERNTÜLLE

** 800 g Salzkaramell-Frozen-Yogurt enthalten etwa 500 g cremig gerührten Joghurt, 150 g Salzkaramellcreme, 200 ml Sahne, 60 g Zucker ... das ist alles (siehe Seite 26).*

Den Spritzbeutel samt Tülle einige Minuten ins Gefrierfach legen, damit sie schön kalt werden.

Für die Schokoladensauce die Sahne und die Milch bei niedriger Temperatur erhitzen. Vor dem Aufkochen vom Herd nehmen. Die Schokolade grob zerkleinern und zu der Milchmischung geben. Alles mit einem Holzlöffel verrühren, bis die Schokolade geschmolzen ist. Den Topf auf den Herd zurückstellen, Butter und Zucker dazugeben und die Mischung unter ständigem Rühren erhitzen, bis eine glatte Masse entstanden ist.

Für die Churros das Öl in einem großen Topf erhitzen. Das Wasser zum Kochen bringen. Das Mehl, den Zucker und das kochende Wasser mit dem Teigschaber zu einem glatten Teig verarbeiten. Diesen mit der Hand zu Rollen mit einem Durchmesser von etwa 1 cm und einer Länge von 5 cm formen. Die Rollen vorsichtig in das kochende Öl geben und 2 Minuten goldbraun frittieren. Herausnehmen und auf Küchenpapier abtropfen lassen. Mit Puderzucker bestauben und in 1 cm lange Stücke schneiden.

Falls der Frozen Yogurt im Voraus hergestellt wurde, 10 Minuten vor dem Anrichten aus dem Kühlschrank nehmen, damit er sich besser verarbeiten lässt. Die Mischung mithilfe eines Teigschabers in den Spritzbeutel füllen. À la Sundae in sechs Schüsselchen spritzen, die Churros darüber verteilen und das Ganze mit Schokoladensauce beträufeln. Sofort servieren.

Frozen Yogurts

HONIG & WALNÜSSE

Für 6 Portionen
Zubereitung 10 Minuten
Ruhezeit 20–30 Minuten

750 G GRIECHISCHER JOGHURT
3 EL FLÜSSIGER HONIG
1 PÄCKCHEN VANILLEZUCKER
120 G WALNÜSSE, GROB ZERKLEINERT

Topping
FLÜSSIGER HONIG
WALNUSSKERNE

Hilfsmittel
EISMASCHINE

Den Gefrierbehälter der Eismaschine über Nacht im Gefrierfach kühlen. Den Joghurt mit dem Honig und dem Vanillezucker verrühren. Die Mischung in die Eismaschine geben und 25–30 Minuten rühren und gefrieren lassen. Dann die Walnüsse dazugeben und alles weitere 2–3 Minuten verarbeiten.

Falls der Frozen Yogurt im Voraus hergestellt wurde, 10 Minuten vor dem Anrichten aus dem Kühlschrank nehmen, damit er sich besser verarbeiten lässt. Die Masse zu Eiskugeln formen und auf Tellerchen anrichten. Mit dem flüssigen Honig beträufeln, mit Walnusskernen garnieren und servieren.

MARCELS BESONDERE NOTE

Bestreuen Sie den Frozen Yogurt vor dem Servieren mit Korinthen, grob gehackten getrockneten Aprikosen oder Feigen.

TEE IMPERIAL

Für 6 Portionen
Zubereitung und Kochzeit 10 Minuten
Abkühlzeit 1 Stunde
Ruhezeit 25 Minuten

Teejoghurt
150 ML TEILENTRAHMTE MILCH
30 G TEE LABEL IMPERIAL (KUSMI TEA, ERHÄLTLICH ÜBER DAS INTERNET)
500 G JOGHURT 0 %

Frozen Yogurt Tee Imperial
500 G TEEJOGHURT (SIEHE OBEN)
80 G ZUCKER
200 ML SAHNE
12 WAFFELRÖLLCHEN ZUM GARNIEREN

Hilfsmittel
EISMASCHINE, HANDRÜHRGERÄT, SPRITZBEUTEL MIT BREITER STERNTÜLLE

Für den Teejoghurt die Milch in einem Topf erhitzen. Kurz vor dem Aufkochen vom Herd nehmen. Den Tee in die warme Milch geben und behutsam unterrühren. Zugedeckt 3 Minuten ziehen lassen. Anschließend durch ein Sieb in eine luftdicht verschließbare Schüssel gießen und 1 Stunde im Kühlschrank vollständig abkühlen lassen. In einer Schüssel den Joghurt mit 30 ml von der Teemilch zu einer homogenen Mischung verrühren.

Für den Frozen Yogurt Tee Imperial den Teejoghurt und den Zucker mit dem Schneebesen verrühren. Die Sahne mit einem Handrührgerät steif schlagen, dann die Joghurtmischung dazugeben und alles mit dem Schneebesen verrühren. Die Mischung in die Eismaschine geben und etwa 25 Minuten rühren und gefrieren lassen.

Den Spritzbeutel samt Tülle einige Minuten ins Gefrierfach legen, damit sie schön kalt werden. Falls der Frozen Yogurt im Voraus hergestellt wurde, 10 Minuten vor dem Anrichten aus dem Kühlschrank nehmen, damit er sich besser verarbeiten lässt. Die Joghurtmischung mithilfe eines Teigschabers in den Spritzbeutel füllen. Den Frozen Yogurt à la Sundae in sechs Dessertschälchen spritzen und in jede Portion zwei Waffelröllchen stecken.

MARCELS GEHEIMTIPP

Die restliche Teemilch kann anstelle der normalen Milch in einem Kuchenrezept verwendet werden (im Kühlschrank hält sich die Teemilch 2–3 Tage, man kann sie aber auch einfrieren).

KÄSEKUCHEN-FROZEN-YOGURT

Für 6 Portionen
Zubereitung 10 Minuten
Ruhezeit 25 Minuten

170 G FRISCHKÄSE (DOPPELRAHMSTUFE)
250 G GRIECHISCHER JOGHURT
150 G BRAUNER ZUCKER
1 EL ZITRONENSAFT
2 TL VANILLEEXTRAKT
300 G ROTE FRÜCHTE (NACH BELIEBEN)
10 VOLLKORNKEKSE

Hilfsmittel
EISMASCHINE
SPRITZBEUTEL MIT BREITER STERNTÜLLE

Den Gefrierbehälter der Eismaschine über Nacht im Gefrierfach kühlen. Den Frischkäse mit der Gabel weich drücken. Mit dem Joghurt, dem braunen Zucker, dem Zitronensaft und dem Vanilleextrakt zu einer cremigen Masse verrühren. Diese in den Behälter der Eismaschine geben und je nach gewünschter Konsistenz 20–25 Minuten rühren und gefrieren lassen. In der Zwischenzeit, falls verwendet, die Früchte waschen und in Stücke schneiden, die Kekse zerbröseln.

Den Spritzbeutel samt Tülle einige Minuten ins Gefrierfach legen, damit sie schön kalt werden. Falls der Frozen Yogurt im Voraus hergestellt wurde, 10 Minuten vor dem Anrichten aus dem Kühlschrank nehmen, damit er sich besser verarbeiten lässt. Die Joghurtmischung mithilfe eines Teigschabers in den Spritzbeutel füllen. À la Sundae in sechs Portionsschälchen spritzen und die Kekskrümel und die roten Früchten auf den Frozen Yogurts verteilen. Sofort servieren.

Frozen Yogurts

COOKIETEIG & DULCE DE LECHE

BASIS: FROZEN YOGURT NATUR

Für 6 Portionen
Zubereitung 15 Minuten
Kochzeit 5 Minuten

800 G FROZEN YOGURT NATUR*

Cookieteig

125 G BUTTER
50 G ROHROHRZUCKER
50 G ZUCKER
1 EI
175 G MEHL
1 TL BACKPULVER
1 PRISE SALZ
60 G SCHOKOLADENTROPFEN

Dulce de Leche

1 L VOLLMILCH
350 G PUDERZUCKER
1 TL NATRON
1 VANILLESCHOTE
1 PRISE FLEUR DE SEL

Hilfsmittel

EISMASCHINE
SPRITZBEUTEL MIT BREITER STERNTÜLLE

** 800 g Frozen Yogurt Natur enthalten etwa 500 g cremig gerührten Joghurt, 200 ml Sahne, 80 g Zucker … das ist alles (siehe Seite 24).*

Für den Cookieteig die Butter, den Rohrohrzucker und den weißen Zucker in einer Schüssel gründlich vermischen. Das Ei unterrühren, dann das Mehl, das Salz und das Backpulver hinzugeben. Die Mischung zu einem glatten Teig verarbeiten. Die Schokoladentropfen hinzufügen. Den Teig zu kleinen Kugeln von je ungefähr 5 g rollen.

Die Cookieteigkugeln unter den Frozen Yogurt heben. Die Mischung in die Eismaschine geben und 5 Minuten rühren und gefrieren lassen.

Für den Dulce de Leche alle Zutaten in einen Topf geben und bei hoher Temperatur unter ständigem Rühren erwärmen. Wenn die Milch aufkocht, den Herd auf mittlere Temperatur herunterschalten und die Mischung unter ständigem Rühren eindicken lassen, bis sie eine sämige Konsistenz hat. Den Topf in kaltes Wasser stellen, um den Kochvorgang zu unterbrechen.

Falls der Frozen Yogurt im Voraus hergestellt wurde, 10 Minuten vor dem Anrichten aus dem Kühlschrank nehmen, damit er sich besser verarbeiten lässt. Zu Eiskugeln formen, diese auf sechs Schälchen verteilen und jede Portion mit Dulce de Leche beträufeln.

BASILIKUM & GERÖSTETE HASELNÜSSE

BASIS: FROZEN YOGURT AUS SCHAFSMILCH

Für 6 Portionen
Zubereitung 15 Minuten
Gehzeit 25–30 Minuten

Frozen Yogurt aus Schafsmilch
500 G SCHAFSMILCHJOGHURT
20 ML ZITRONENSAFT
1 PRISE FLEUR DE SEL
250 ML SAHNE

Basilikumsauce
1 BUND BASILIKUM
1 KNOBLAUCHZEHE
6 EL OLIVENÖL
SALZ UND PFEFFER

120 G GERÖSTETE HASELNÜSSE, GROB GEHACKT

Hilfsmittel
EISMASCHINE
HANDRÜHRGERÄT
WIEGEMESSER
PASSIERSIEB
SPRITZBEUTEL MIT BREITER STERNTÜLLE

Den Gefrierbehälter der Eismaschine über Nacht ins Gefrierfach stellen.

Für den Frozen Yogurt die Rührbesen des Handrührgeräts und das Rührgefäß ins Gefrierfach geben. Den Joghurt mit dem Zitronensaft und dem Fleur de Sel in einer Schüssel verquirlen. Die Sahne steif schlagen und vorsichtig unter die Joghurtmischung heben. Die Masse in die Eismaschine geben und 25–30 Minuten rühren und gefrieren lassen.

In der Zwischenzeit für die Basilikumsauce die Basilikumblätter von den Stängeln zupfen. Einige Blätter für die Dekoration beiseitelegen. Das restliche Basilikum zusammen mit der Knoblauchzehe fein hacken. Mit dem Olivenöl vermischen, mit Salz und Pfeffer würzen und durch das Sieb passieren.

Den Spritzbeutel samt Tülle einige Minuten in das Gefrierfach legen, damit sie schön kalt werden. Falls der Frozen Yogurt im Voraus hergestellt wurde, 10 Minuten vor dem Anrichten aus dem Kühlschrank nehmen, damit er sich besser verarbeiten lässt. Die Joghurtmischung mithilfe eines Teigschabers in den Spritzbeutel füllen. À la Sundae in sechs Servierschälchen spritzen, mit der Basilikumsauce beträufeln und mit den gerösteten Haselnüssen bestreuen. Sofort servieren.

MANGO & LIMETTE

BLITZ-FROZEN-YOGURT

Für 6 Portionen
Zubereitung 5 Minuten
Kühlzeit 1 Stunde (nach Belieben)

375 G GRIECHISCHER JOGHURT
SCHALE UND SAFT VON 1 GROSSEN, UNBEHANDELTEN LIMETTE
600 G MANGO, IN WÜRFEL GESCHNITTEN UND TIEFGEKÜHLT
3–4 TL ROHROHRZUCKER

Hilfsmittel
MIXER

Um eine eisähnliche Konsistenz zu erhalten, den Joghurt vor der Verwendung 45 Minuten ins Gefrierfach stellen. Die Limettenschale fein raspeln und kühl stellen. Die Limette auspressen. Die Mangowürfel, den Joghurt, den Rohrohrzucker und den Limettensaft im Mixer zu einer glatten Mischung verarbeiten. Gerade so lange mixen, dass eine homogene Masse mit der Konsistenz von Speiseeis entsteht.

Für eine festere Konsistenz den Frozen Yogurt in einem geeigneten Gefäß zusätzlich für 1 Stunde ins Gefrierfach stellen. Anschließend zu Kugeln formen, auf Serviertellern anrichten und mit geraspelter Limettenschale bestreuen.

MARCELS TIPP FÜR DAS GEWISSE ETWAS

Bestreuen Sie Ihre Frozen Yogurts zusätzlich mit Kokosraspeln.

FROZEN SOJAJOGHURT

BLITZ-FROZEN-YOGURT

Für 6 Portionen
Zubereitung 5 Minuten
Gefrierzeit 4 Stunden (sofern die Früchte nicht gefroren sind)
Kühlzeit 1 Stunde (nach Belieben)

750 G SOJAJOGHURT
2 REIFE BANANEN
300 G BROMBEEREN
300 ML SOJASAHNE
3 EL ROHROHRZUCKER

Hilfsmittel
MIXER

Um eine eisähnliche Konsistenz zu erhalten, den Jogurt vor der Verarbeitung 45 Minuten ins Gefrierfach stellen. Die Bananen in dicke Scheiben schneiden und zusammen mit den Brombeeren etwa 4 Stunden im Gefrierfach tiefkühlen. Das tiefgekühlte Obst, den Joghurt, die Sojasahne und den Rohrohrzucker im Mixer zu einer glatten Masse verarbeiten. Gerade so lange mixen, dass die Mischung die Konsistenz von Speiseeis erhält.

Für eine festere Konsistenz den Frozen Yogurt in einem geeigneten Gefäß zusätzlich für 1 Stunde ins Gefrierfach stellen. Zu Kugeln formen und sofort servieren.

Frozen Yogurts

HIMBEERE & PEKANNUSS

BLITZ-FROZEN-YOGURT

Für 6 Portionen
Zubereitung 5 Minuten
Kühlzeit 1 Stunde (nach Belieben)

150 G MASCARPONE
375 G GRIECHISCHER JOGHURT
350 G TIEFGEKÜHLTE HIMBEEREN
2 TL BRAUNER ZUCKER
6 EL PEKANNÜSSE, GEHACKT
12 SCHOKOLADENKEKSE

Hilfsmittel
MIXER
SPRITZBEUTEL MIT BREITER STERNTÜLLE

Um eine eisähnliche Konsistenz zu erhalten, den Mascarpone vor der Verarbeitung 45 Minuten ins Gefrierfach stellen. Den Joghurt, die tiefgekühlten Himbeeren, den Mascarpone und den Zucker im Mixer zu einer glatten Mischung verarbeiten. Gerade so lange mixen, dass eine homogene Masse mit der Konsistenz von Speiseeis entsteht.

Für eine festere Konsistenz den Frozen Yogurt in einem geeigneten Gefäß zusätzlich für 1 Stunde ins Gefrierfach stellen. Den Spritzbeutel samt Tülle einige Minuten ins Gefrierfach legen, damit sie schön kalt werden. Die Joghurtmischung mithilfe eines Teigschabers in den Spritzbeutel füllen. À la Sundae in sechs Serviergefäße spritzen. Mit Pekannüssen und zerbröselten Schokoladenkeksen bestreuen und sofort servieren.

MARCELS TIPP FÜR FEINSCHMECKER

Noch besser schmeckt dieser Frozen Yogurt mit gebrannten Pekannüssen! Den Backofen auf 180 °C vorheizen. Die Pekannüsse, 1 EL Honig und 1 TL Zucker in einer Schüssel vermengen, bis die Nüsse vollständig umhüllt sind. Auf Backpapier 10 Minuten im Ofen backen. Vor der Verwendung vollständig abkühlen lassen.

Frozen Yogurts

BIRCHERMÜESLI-FROZEN-YOGURT

BLITZ-FROZEN-YOGURT

Für 6 Portionen
Zubereitung 5 Minuten
Gefrierzeit 4 Stunden (sofern die Früchte nicht gefroren sind)
Kühlzeit 1 Stunde (nach Belieben)

375 G GRIECHISCHER JOGHURT
5 BANANEN (4 SEHR REIFE, EINE NOCH FESTERE)
3 EL HONIG
6 TL MÜSLI
120 G HASELNÜSSE
FLÜSSIGER HONIG (NACH BELIEBEN)

Hilfsmittel
MIXER

Um eine eisähnliche Konsistenz zu erhalten, den Jogurt vor der Verarbeitung 45 Minuten ins Gefrierfach stellen. Die reifen Bananen in dicke Scheiben schneiden und etwa 4 Stunden im Gefrierfach tiefkühlen. Die Haselnüsse grob hacken. Die feste Banane in Scheiben schneiden und mit dem Müsli vermischen. Die tiefgekühlten Bananen, den Joghurt und den Honig im Mixer gerade so lange verarbeiten, dass eine homogene Masse mit der Konsistenz von Speiseeis entsteht.

Für eine festere Konsistenz den Frozen Yogurt in einem geeigneten Gefäß zusätzlich für 1 Stunde ins Gefrierfach stellen. Zu Kugeln formen, in sechs Serviergefäßen anrichten und mit dem Bananenmüsli bestreuen. Nach Geschmack mit Honig beträufeln und sofort servieren.

HONIG, KIRSCHEN & DATTELN

BLITZ-FROZEN-YOGURT

Für 6 Portionen
Zubereitung 5 Minuten
Gefrierzeit 4 Stunden (sofern die Früchte nicht schon gefroren sind)
Kühlzeit 1 Stunde (nach Belieben)

750 G GRIECHISCHER JOGHURT
600 G KIRSCHEN
12 DATTELN
6 EL HONIG

Hilfsmittel

MIXER
SPRITZBEUTEL MIT BREITER STERNTÜLLE

Den Joghurt und die Kirschen in geeigneten Gefäßen etwa 4 Stunden im Gefrierfach tiefkühlen. Die Datteln entsteinen und in kleine Stücke schneiden. Den tiefgekühlten Jogurt, die Kirschen und den Honig im Mixer gerade so lange verarbeiten, dass eine homogene Masse mit der Konsistenz von Speiseeis entsteht.

Für eine festere Konsistenz den Frozen Yogurt in einem geeigneten Gefäß zusätzlich für 1 Stunde ins Gefrierfach stellen. Den Spritzbeutel samt Tülle einige Minuten ins Gefrierfach legen, damit sie schön kalt werden. Die Joghurtmischung mithilfe eines Teigschabers in den Spritzbeutel füllen. À la Sundae in sechs Serviergefäße spritzen, mit den Dattelstücken bestreuen und sofort servieren.

WEISSE SCHOKOLADE & JOHANNISBEERE

BLITZ-FROZEN-YOGURT

Für 6 Portionen
Zubereitung 5 Minuten
Kühlzeit 1 Stunde (nach Belieben)

375 G GRIECHISCHER JOGHURT
180 G WEISSE SCHOKOLADE
600 G TIEFGEKÜHLTE SCHWARZE JOHANNISBEEREN
3–4 TL BRAUNER ZUCKER

Hilfsmittel
MIXER

Um eine eisähnliche Konsistenz zu erhalten, den Joghurt vor der Verarbeitung 45 Minuten in das Gefrierfach stellen. Die weiße Schokolade mit dem Sparschäler zu Spänen raspeln und kühl stellen. Alle anderen Zutaten im Mixer gerade so lange verarbeiten, dass eine homogene Masse mit der Konsistenz von Speiseeis entsteht.

Für eine festere Konsistenz den Frozen Yogurt in einem geeigneten Gefäß zusätzlich für 1 Stunde ins Gefrierfach stellen. Zu Kugeln formen, in sechs Serviergefäßen anrichten, mit weißen Schokospänen bestreuen und sofort servieren.

Kapitel 3

Frozen Sandwiches

FROZEN MÜRBETEIG-SANDWICHES

Für 6 Portionen
Zubereitung 30 Minuten
Backzeit 12–15 Minuten
Ruhezeit 1 Stunde, plus 15 Minuten

Mürbeteigböden
1 VANILLESCHOTE
240 G MEHL
½ TL SALZ
1 GESTRICHENER TL BACKPULVER
180 G BUTTER, IN STÜCKE GESCHNITTEN
170 G ZUCKER
4 EIGELB

Belag
6 GROSSE ERDBEEREN
400 G FROZEN YOGURT NATUR*

Hilfsmittel
12 RUNDE AUSSTECHER (8 CM Ø)

Für die Mürbeteigböden die Vanilleschote längs aufschneiden und das Mark herauskratzen. Das Mehl, das Salz, das Backpulver, das Vanillemark und die Butter mit den Händen zu einem groben Teig verkneten. Den Zucker einarbeiten. In der Mitte der Teigmasse eine Mulde formen, das Eigelb hineingeben und den Teig darüber klappen. Zusammendrücken, dann erneut etwas Teig darüber ziehen und alles zusammendrücken. Nach und nach das Eigelb vollständig in den Teig einarbeiten. Den Teig zu einer Kugel formen, in Frischhaltefolie wickeln und 1 Stunde kühl stellen. Den Ofen auf 180 °C vorheizen. Den gekühlten Teig noch einmal durchkneten. Auf einer bemehlten Arbeitsfläche etwa 1 cm dick ausrollen. Mit dem Ausstecher zwölf Scheiben ausstechen und diese auf ein mit Backpapier belegtes Backblech legen. Im vorgeheizten Backofen 12–15 Minuten goldbraun backen. Anschließend 15 Minuten auskühlen lassen.

Die Erdbeeren waschen, vom Stielansatz befreien und in Scheiben schneiden. Sechs der Mürbeteigböden zunächst mit einer dünnen Schicht Frozen Yogurt bestreichen und dann mit Erdbeerscheiben belegen. Eine Kugel Frozen Yogurt daraufsetzen und das Sandwich mit einer zweiten Mürbeteigplatte abschließen. Diese behutsam festdrücken, um die Joghurtmasse gleichmäßig zu verteilen. Die Ränder der Sandwiches mit dem Messer glatt streichen.

** 800 g Frozen Yogurt Natur enthalten etwa 250 g cremig gerührten Joghurt, 100 ml Sahne, 40 g Zucker … das ist alles* *(siehe Seite 24).*

MARCELS TIPP FÜR EIN BISSCHEN ABWECHSLUNG

Je nach Jahreszeit können Sie die Erdbeeren auch durch Kiwis, Ananas oder Kirschen ersetzen … Sie können auch aromatisierten Frozen Yogurt, gekauftes Sorbet oder Speiseeis verwenden.

FROZEN-YOGURT-WAFFELN

Für 6 Portionen
Zubereitung 30 Minuten
Backzeit 2 Minuten pro Backvorgang
Ruhezeit 2 Stunden 30 Minuten

Waffeln

1 EL BACKPULVER
100 ML MILCH
220 G MEHL
1 EI, VERQUIRLT
40 G ROHROHRZUCKER
1 PRISE SALZ
140 G BUTTER, IN KLEINE STÜCKE GESCHNITTEN
100 G HAGELZUCKER

Belag

400 G SCHOKOLADEN-FROZEN-YOGURT *
170 G ROTE FRÜCHTE (HIMBEEREN ODER JOHANNISBEEREN, FÜR DIE SÄURE)

Hilfsmittel

WAFFELEISEN

Das Backpulver in der Milch auflösen. Das gesiebte Mehl, das Ei, den Rohrohrzucker und das Salz hinzugeben und alles unvermischt 10 Minuten stehen lassen. Anschließend mit dem Teigschaber vermengen und 15 Minuten ruhen lassen. Die Mischung dann zu einem elastischen Teig verkneten. Die Butterstücke dazugeben und die Mischung erneut durchkneten, bei Bedarf mit etwas Mehl bestauben, falls sie zu stark klebt. Den Teig zu einer Kugel formen, in Frischhaltefolie wickeln und 2 Stunden bei Zimmertemperatur gehen lassen, bis er sein Volumen verdoppelt hat. Den Hagelzucker einkneten und den Teig zu Kugeln von je etwa 100 g formen. Diese weitere 15 Minuten ruhen lassen. Das Waffeleisen erhitzen, jeweils eine Teigkugel in die Mitte der Heizfläche legen und goldgelb backen.

Auf jede Waffel eine Kugel Schokoladen-Frozen-Yogurt setzen und rote Früchte darüber verteilen. Sofort servieren.

** 400 g Schokoladen-Frozen-Yogurt enthalten etwa 250 g griechischen Joghurt, 60 ml Sahne, 60 g Zucker, 60 g dunkle Schokolade, 15 g Kakao ... das ist alles (siehe Seite 26).*

MARCELS TIPP FÜR EIN BISSCHEN ABWECHSLUNG

Sie können den Schokoladen-Frozen-Yogurt auch durch ein gekauftes Sorbet (zum Beispiel Johannisbeere oder Blaubeere) oder ein dunkles Schokoladeneis ersetzen. Der Belag sollte aber nicht zu süß oder sogar leicht säuerlich sein, da die Waffeln bereits sehr süß sind.

FROZEN ERDNUSSBUTTER-COOKIES

Für 6 Portionen
Zubereitung 10 Minuten
Backzeit 12 Minuten
Abkühlzeit 1 Stunde

Erdnussbutter-Cookies

½ VANILLESCHOTE
40 G WEICHE BUTTER
100 G ERDNUSSBUTTER
40 G ZUCKER
40 G BRAUNER ZUCKER
1 KLEINES EI
40 G MEHL
1 KLEINE PRISE SALZ
½ TL BACKPULVER

Belag

400 G VANILLE-FROZEN-YOGURT *

Den Backofen auf 175 °C vorheizen. Die Vanilleschote längs aufschneiden und das Mark herauskratzen. Die Butter, die Erdnussbutter, den Zucker, den braunen Zucker und das Vanillemark gründlich miteinander verrühren. Das Ei unterrühren. Das Mehl, das Salz und das Backpulver in die Schüssel sieben und alles zu einem glatten Teig verrühren. Ein Backblech mit Backpapier belegen. Den Teig zu zwölf kleinen Kugeln formen und diese mit ausreichend Abstand auf dem Blech verteilen. Etwa 12 Minuten backen, bis der Rand der Cookies sich goldbraun färbt und sie in der Mitte schön aufgegangen sind. Die Cookies aus dem Ofen nehmen und vollständig abkühlen lassen.

Je eine große Kugel Vanille-Frozen-Yogurt auf sechs der Cookies setzen. Mit je einem zweiten Cookie abdecken und diese behutsam mit der Handfläche festdrücken, um die Joghurtmasse gleichmäßig zu verteilen. Sofort servieren.

** 400 g Vanille-Frozen-Yogurt enthalten etwa 250 g griechischen Joghurt 0 %, 2 kleine Eier, 40 g Zucker, ½ Vanilleschote, 1 Prise Salz ... das ist alles (siehe Seite 26).*

FROZEN BROWNIES

Für 6 Portionen
Zubereitung 20 Minuten
Backzeit 12 Minuten

Brownies
85 G PEKANNÜSSE
55 G GESALZENE BUTTER
150 G DUNKLE SCHOKOLADE
100 G ROHROHRZUCKER
1 EI
1 EL MEHL

Belag
400 G VANILLE-FROZEN-YOGURT *
6 TL GEHACKTE PEKANNÜSSE

Hilfsmittel
1 QUADRATISCHE BACKFORM
(14–16 CM SEITENLÄNGE)

Den Backofen auf 180 °C vorheizen. Die Pekannüsse auf einem mit Backpapier belegten Backblech verteilen und 10 Minuten im vorgeheizten Backofen rösten. Mit dem Messer grob zerkleinern. Die Butter und die Schokolade im Wasserbad schmelzen. Vom Herd nehmen und den Zucker einrühren. Das Ei untermischen, dann das Mehl dazusieben und alles kräftig verrühren. Die Pekannussstücke untermischen. Die Form einfetten, den Teig hineingeben und 12 Minuten backen. Abkühlen lassen, aus der Form nehmen und in zwölf gleich große Teile schneiden.

Sechs der Brownies mit je einer Schicht Vanille-Frozen-Yogurt bestreichen, gehackte Pekannüsse daraufstreuen und dann eine zweite Joghurtschicht daraufsetzen. Mit je einem zweiten Brownie bedecken, behutsam zusammendrücken und sofort servieren.

** 400 g Vanille-Frozen-Yogurt enthalten etwa 250 g griechischen Joghurt 0 %, 2 kleine Eier, 40 g Zucker, ½ Vanilleschote, eine Prise Salz ... das ist alles (siehe Seite 26).*

FROZEN SPEKULATIUS

Für 6 Portionen
Zubereitung 5 Minuten
Abkühlzeit 1 Stunde

150 G DUNKLE SCHOKOLADE
18 SPEKULATIUS
400 G ERDBEER-FROZEN-YOGURT *
6 EL MILCH

Die Schokolade in der Milch im Wasserbad schmelzen. Neun der Spekulatius in die geschmolzene Schokolade tauchen, bis sie vollständig überzogen sind, dann die Schokoladenspekulatius 1 Stunde auf einem Rost im Kühlschrank trocknen lassen.

Je einen großen Löffel Erdbeer-Frozen-Yogurt auf einen der naturbelassenen Spekulatius setzen. Einen Schokoladenspekulatius darauflegen und das Sandwich vorsichtig mit der Handfläche zusammendrücken, um die Masse gleichmäßig zu verteilen. Den Rand der Sandwiches mit dem Messer glatt streichen. Eine zweite Schicht Frozen Yogurt daraufsetzen und das Sandwich mit einem naturbelassenen Spekulatius abschließen. Auf diese Weise sechs Sandwiches zusammensetzen, dabei die Reihenfolge von naturbelassenen und Schokoladenspekulatius abwechseln. Sofort servieren.

** 400 g Erdbeer-Frozen-Yogurt enthalten etwa 250 g griechischen Joghurt 0 %, 25 g Agavensirup, 250 g Erdbeeren … das ist alles (siehe Seite 26).*

MARCELS DEKO-TIPP

Damit die Schokolade auf den Spekulatius schön glänzt, lassen Sie sie nicht im Wasserbad, sondern im Wasserdampf, also in einer Schüssel, die das Wasser nicht berührt, schmelzen.

Kapitel 4

Joghurt-kompositionen

ERDBEER-KROKANT-JOGHURT

Für 4 Portionen
Zubereitung und Kochzeit 30 Minuten

60 G MANDELN
60 G HASELNÜSSE
100 G ZUCKER
100 G ERDBEEREN
500 G CREMIG GERÜHRTER ODER GRIECHISCHER JOGHURT

Hilfsmittel
MIXER

Für den Krokant die Mandeln und die Haselnüsse einige Minuten in einer Pfanne rösten. Den Zucker dazugeben und bei niedriger Temperatur schmelzen lassen. Alles mit einem Teigschaber vermischen, sodass die Nüsse ganz mit Zucker überzogen werden. Die karamellisierten Nüsse auf einem Blatt Backpapier verteilen und abkühlen lassen. Anschließend im Mixer zu Nusskrokant zerkleinern. Die Erdbeeren waschen und in Würfel schneiden.

Den Joghurt auf vier Schälchen verteilen, dann die Erdbeeren und den Krokant dazugeben. Umrühren und sofort servieren.

MARCELS TIPP FÜR UNGEDULDIGE

Statt den Krokant selbst herzustellen, kann man auch fertig gekauften verwenden.

GRÜNER-TEE-JOGHURT
MIT GEMISCHTEN FRÜCHTEN

Für 4 Portionen
Zubereitung 10 Minuten
Ruhezeit 1 Stunde

Grüner-Tee-Joghurt
150 ML ENTRAHMTE MILCH
20 G GRÜNER TEE IN BLÄTTERN
500 G CREMIG GERÜHRTER JOGHURT 0%

Belag
½ ANANAS
2 KIWIS
125 G ERDBEEREN
4 EL GESCHÄLTE MANDELN

Für den Grüner-Tee-Joghurt die Milch in einem Topf erhitzen. Kurz vor dem Aufkochen vom Herd nehmen. Den Tee dazugeben, unterrühren und die Mischung zugedeckt 3 Minuten ziehen lassen. Durch ein Passiersieb in ein luftdicht verschließbares Gefäß abgießen. 1 Stunde kalt stellen. Die Ananashälfte und die Kiwis schälen und in Würfel schneiden. Die Erdbeeren vom Stielansatz befreien und in große Stücke schneiden. 15 ml der aromatisierten Milch in den Joghurt mischen.

Die Kiwi- und Ananasstücke auf vier Gläser verteilen. Dann den Joghurt und zuletzt die Erdbeerstücke und die Mandeln darauf schichten. Sofort servieren.

MARCELS GEHEIMTIPP

Die restliche Teemilch kann anstelle der normalen Milch in einem Kuchenrezept verwendet werden (im Kühlschrank hält sich die Teemilch 2–3 Tage, man kann sie aber auch einfrieren).

JOGHURT MIT SCHAUMERDBEEREN
AUS DEM JOGHURTBEREITER

Für 4 Portionen
Zubereitung 10 Minuten
Abkühlzeit 2 Stunden 15 Minuten
Ruhezeit 6–8 Stunden

8 SCHAUMERDBEEREN (UNGEFÄHR 40 G)
80 ML SAHNE
80 G SCHNITTFESTER JOGHURT NATUR
50 ML VOLLMILCH

Hilfsmittel
JOGHURTBEREITER

In einem Topf die Schaumerdbeeren in der Sahne erhitzen und schmelzen lassen. Die Mischung im Kühlschrank abkühlen lassen. Den Joghurt dazugeben und alles zu einer glatten Creme verarbeiten. Die Vollmilch unterrühren. Die Mischung in die Schälchen des Joghurtbereiters füllen und je nach Modell 6–8 Stunden ruhen lassen. Anschließend vor dem Servieren 2 Stunden in den Kühlschrank stellen.

BIRCHERMÜESLI-JOGHURT

MIT GERIEBENEN ÄPFELN UND HASELNÜSSEN

Für 4 Portionen
Zubereitung 10 Minuten
Kochzeit 10 Minuten
Einweichen 1 Stunde

8 EL FEINE HAFERFLOCKEN
12 EL LAUWARMES WASSER
1 TL GEMAHLENER ZIMT (NACH BELIEBEN)
4 EL HASELNÜSSE
12 EL CREMIG GERÜHRTER JOGURT
4 EL AGAVENSIRUP
4 SÄUERLICHE ÄPFEL, GERIEBEN
(Z. B. GRANNY SMITH, ARIANE)

Den Backofen auf 180 °C vorheizen. Die Haferflocken 1 Stunde im lauwarmen Wasser einweichen, nach Belieben mit Zimt bestauben. Die Haselnüsse grob hacken, auf einem mit Backpapier belegten Backblech verteilen und 10 Minuten im Backofen rösten. Die Haferflocken mit der Gabel aufrühren, dann mit dem Joghurt, dem Agavensirup, den geriebenen Äpfeln und den gerösteten Haselnüssen vermischen. Sofort servieren.

MARCELS KURZE EINFÜHRUNG IN FREMDE KULTUREN: BIRCHERMÜESLI

Hinter diesem Kultrezept verbirgt sich das Gesundheitsgeheimnis eines Schweizer Berghirten: in Milch zerdrückter Weizen mit Honig und kleinen Apfelstückchen. Zu Beginn des 20. Jahrhunderts entdeckte der Züricher Arzt Bircher-Brenner das Rezept und empfahl es seinen Patienten als Diät.

Joghurt-kompositionen

AHORNSIRUPJOGHURT
MIT GEBRANNTEN PEKANNÜSSEN

Für 4 Portionen
Zubereitung 15 Minuten
Kochzeit 10 Minuten
Abkühlzeit 15 Minuten

40 G PEKANNÜSSE
1 EL ZUCKER
5 TL AHORNSIRUP
500 G CREMIG GERÜHRTER ODER GRIECHISCHER JOGHURT

Den Backofen auf 180 °C vorheizen. Die Pekannüsse grob hacken und in einer Schlüssel mit dem Zucker sowie 1 TL Ahornsirup vermischen. Diese Mischung auf einem mit Backpapier belegten Backblech verteilen und etwa 10 Minuten im Backofen rösten. Herausnehmen und abkühlen lassen.

Den Joghurt auf vier Schälchen verteilen, je 1 TL Ahornsirup darübergeben und unterrühren. Jede Portion mit karamellisierten Pekannüssen bestreuen und sofort servieren.

MARONENCREMEJOGHURT
MIT MADELEINES

Für 4 Portionen
Zubereitung 10 Minuten
Kochzeit 6–7 Minuten
Abkühlzeit 15 Minuten

500 G CREMIG GERÜHRTER ODER GRIECHISCHER JOGHURT
4 GROSSE EL MARONENCREME (MIT ODER OHNE STÜCKCHEN)

Madeleines

1 EI
50 G ZUCKER
50 G MEHL
60 G GESALZENE BUTTER, ZERLASSEN

Hilfsmittel

HANDRÜHRGERÄT
1 BACKFORM FÜR MINI-MADELEINES

Für die Madeleines den Backofen auf 190 °C vorheizen. Das Ei und den Zucker mit dem Rührgerät schlagen, bis die Mischung ihr Volumen verdoppelt hat. Das Mehl dazugeben und vorsichtig mit einem Holzlöffel unterheben. Die noch warme zerlassene Butter unterrühren. Den Teig in die Mulden der Backform gießen und die Madeleines im vorgeheizten Backofen 6–7 Minuten backen, bis sie locker und goldbraun sind.

In vier Servierschälchen je 1 EL Maronencreme geben, dann den Joghurt verteilen und zum Schluss jede Portion mit drei Mini-Madeleines bestücken. Sofort servieren.

MARCEL, DER MADELEINE-KÖNIG, EMPFIEHLT:

Befüllen Sie die Mulden für die Mini-Madeleines nur zu drei Vierteln, damit das Gebäck gut aufgehen kann. Für noch schmackhaftere Madeleines den Teig 24 Stunden vor dem Backen zubereiten. Nicht verwendete Mini-Madeleines in einem luftdicht verschlossenen Behälter aufbewahren.

MANGO-SCHOKOLADEN-JOGHURT

Für 4 Portionen
Zubereitung 15 Minuten

½ VANILLESCHOTE
1 KLEINE MANGO
2 TL BRAUNER ZUCKER
500 G CREMIG GERÜHRTER ODER GRIECHISCHER JOGHURT
100 G DUNKLE SCHOKOLADE

Hilfsmittel
MIXER

Die Vanilleschote der Länge nach aufschneiden und das Mark herauskratzen. Die Mango schälen, entsteinen und in Stücke schneiden. Mit dem braunen Zucker und dem Vanillemark im Mixer zu einer glatten Sauce pürieren. Diese bis zum Servieren kühl stellen. Die Schokolade grob raspeln.

Den Joghurt auf vier Gläser verteilen. Jede Portion mit 1 EL Mangosauce beträufeln und mit Schokoladenspänen bestreuen. Sofort servieren.

GURKENJOGHURT

SALZIG

Für 4 Portionen
Zubereitung 15 Minuten
Abkühlzeit 2 Stunden

Kirschtomatenkonfitüre
15 G KIRSCHTOMATEN
2 BASILIKUMBLÄTTER
30 G PUDERZUCKER

1 KLEINE SALATGURKE
1 PRISE SALZ
1 PRISE PFEFFER
1 SCHUSS OLIVENÖL
500 G GRIECHISCHER JOGHURT ODER QUARK

Für die Kirschtomatenkonfitüre die Kirschtomaten und die Basilikumblätter waschen. Die Tomaten halbieren und das Basilikum mit einer Schere zerkleinern. In einem Topf die Tomaten bei niedriger Temperatur mit dem Zucker kandieren, am Ende der Kochzeit das Basilikum hinzufügen und unterrühren. 2 Stunden kühl stellen.

Die Salatgurke schälen und in kleine Würfel schneiden. In einer Schüssel den Joghurt mit den Gurkenwürfeln, dem Salz, dem Pfeffer und dem Olivenöl mischen.

Den Gurkenjoghurt auf vier Gläser verteilen und je 1 EL Tomatenkonfitüre darauf geben.

GEZUCKERTE JOGHURTS

Zubereitung Joghurt 1 Minute
Zubereitung der aromatisierten Zuckervarianten 2 Minuten bis 2 Wochen (je nach Rezept)

1 Portion Naturjoghurt (150 g) mit je 1–2 TL aromatisiertem Zucker bestreuen. Sofort servieren.

LAVENDELZUCKER

Ergibt 1 kg Zucker • Zubereitung 2 Minuten
Ruhezeit 2 Wochen

1 KG EXTRAFEINER ZUCKER,
2 EL GETROCKNETER LAVENDEL

Hilfsmittel: STERILER VERBANDMULL

Den Lavendel auf ein Stück sauberen Verbandmull häufen. Den Stoff über dem Lavendel zusammenlegen und mit einem Gummiring zum Päckchen verschließen. Das Päckchen in ein Einmachglas legen, mit Zucker bedecken und das Glas dicht verschließen. Nach etwa 2 Wochen ist der Lavendelzucker fertig, dann das Lavendelsäckchen herausnehmen.

SCHAUMERDBEERZUCKER

Ergibt etwa 400 g Zucker
Zubereitung 3 Minuten

25 SCHAUMERDBEEREN,
400 G EXTRAFEINER ZUCKER

Hilfsmittel: MIXER

Die Schaumerdbeeren und den Zucker im Mixer zu einem homogenen Pulver zermahlen.

VANILLEZUCKER

Ergibt 1 kg Zucker • Zubereitung 1 Minute
Ruhezeit 1 Tag

1 KG EXTRAFEINER ZUCKER, 2 VANILLESCHOTEN

Den Zucker in ein dicht schließendes Einmachglas geben. Die Vanilleschoten der Länge nach aufschneiden, in den Zucker stecken und das Einmachglas verschließen. Vor der Verwendung die Mischung mindestens 1 Tag ruhen lassen. Die Vanilleschoten im Glas belassen und den Zucker von Zeit zu Zeit durchrühren, bis der gesamte Vanillezucker aufgebraucht wurde.

LIEBESAPFELZUCKER

Ergibt etwa 500 g Pulver • Zubereitung 10 Minuten • Abkühlzeit 15 Minuten

500 G EXTRAFEINER ZUCKER, 130 ML SAHNE,
10 G BUTTER, 1 PRISE SALZ, 50 G APFELCHIPS

Hilfsmittel: MIXER

400 g von dem Zucker, die Sahne, die Butter und das Salz in einem großen Topf bei mittlerer Temperatur unter Rühren erhitzen, bis die Butter geschmolzen ist. Die Mischung zum Kochen bringen und unter ständigem Rühren bei hoher Temperatur zu einer glatten Karamellmasse schmelzen. Vom Herd nehmen, den Karamell auf ein Blatt Backpapier gießen und abkühlen lassen. Die Karamellplatte grob zu etwa 1 x 1 cm großen Stücken zerkleinern. 50 g von den Karamellstücken mit den Apfelchips im Mixer zu einem homogenen Pulver zermahlen. Das Apfel-Karamell-Pulver mit dem restlichen Zucker vermischen.

Kapitel 5

Milchshakes & Lassis

VANILLE-MILCHSHAKE

Ergibt 1 großes Glas
Zubereitung 5 Minuten
Kochzeit 10 Minuten
Abkühlzeit 15–20 Minuten

220 ML TEILENTRAHMTE MILCH
(ODER FETTARME MILCH, NACH BELIEBEN)
1 VANILLESCHOTE
200 G FROZEN JOGHURT NATUR *
1 EL AGAVENSIRUP

Hilfsmittel
MIXER

Die Milch in einen kleinen Topf gießen. Die Vanilleschote der Länge nach aufschneiden und mit einem kleinen Messer das Mark herauskratzen. Das Vanillemark in die Milch geben und diese etwa 10 Minuten erhitzen, aber nicht aufkochen lassen. Die Milch durch ein feines Passiersieb abgießen und vollständig abkühlen lassen. Den Frozen Yogurt, die kalte Vanillemilch und den Agavensirup im Mixer zu einer schaumigen Mischung verarbeiten. Diese in ein großes Glas gießen, mit einem dekorativen Strohhalm versehen und sofort verzehren.

** 200 g Frozen Yogurt Natur enthalten etwa 125 g cremig gerührten Joghurt, 50 ml Sahne, 20 g Zucker … das ist alles (siehe Seite 24).*

MARCELS TIPP FÜR UNGEDULDIGE

Anstelle der selbst gemachten Vanillemilch können Sie auch 1 TL Vanillepulver zusammen mit der Milch direkt in den Mixer geben. Sie können das Vanillemark und den Agavensirup aber auch durch ½ Päckchen Vanillezucker ersetzen.

ERDBEER-MILCHSHAKE

Ergibt 1 großes Glas
Zubereitung 5 Minuten

100 G ERDBEEREN
200 G FROZEN YOGURT NATUR*
220 ML TEILENTRAHMTE MILCH
(ODER FETTARME MILCH, NACH BELIEBEN)
1 EL AGAVENSIRUP

Hilfsmittel
MIXER

Die Erdbeeren waschen und vom Stielansatz befreien. Eine Erdbeere beiseitelegen, die restlichen in kleine Würfel schneiden. Den Frozen Yogurt, die Erdbeerwürfel, die Milch und den Agavensirup im Mixer zu einer schaumigen Mischung verarbeiten. Diese in ein großes Glas gießen. Die zurückgelegte Erdbeere einritzen und auf den Glasrand setzen. Sofort verzehren.

200 g Frozen Yogurt Natur enthalten etwa 125 g cremig gerührten Joghurt, 50 ml Sahne, 20 g Zucker ... das ist alles (siehe Seite 24).

MARCELS TIPP FÜR DIE SCHLANKE LINIE

Wenn Sie fettarme Milch und Frozen Yogurt 0 % verwenden, ist dieser Milchshake ein ultraleichter Genuss, den man sich ohne schlechtes Gewissen auch öfter gönnen darf!

DULCE-DE-LECHE-MILCHSHAKE

Ergibt 1 großes Glas
Zubereitung 5 Minuten

Dulce de Leche
250 ML VOLLMILCH
85 G PUDERZUCKER
¼ TL NATRON
¼ VANILLESCHOTE
1 KLEINE PRISE FLEUR DE SEL

200 G FROZEN YOGURT NATUR *
220 ML TEILENTRAHMTE MILCH

Hilfsmittel
MIXER

Alle Zutaten für den Dulce de Leche in einem Topf unter ständigem Rühren bei hoher Temperatur erhitzen. Wenn die Milch anfängt sich zu verfärben, den Herd auf mittlere Temperatur herunterstellen und die Mischung unter Rühren köcheln lassen, bis sie die gewünschte Konsistenz und Farbe erreicht hat. Vom Herd nehmen und abkühlen lassen. Den Frozen Yogurt, die Milch und 120 g des Dulce de Leche im Mixer zu einer schaumigen Mischung verarbeiten. Diese in ein großes Glas gießen, mit einem dekorativen Strohhalm versehen und sofort verzehren.

** 200 g Frozen Yogurt Natur enthalten etwa 125 g cremig gerührten Joghurt, 50 ml Sahne, 20 g Zucker … das ist alles (siehe Seite 24).*

MARCELS TIPP FÜR UNGEDULDIGE

Wenn Sie den Dulce de Leche fertig kaufen oder durch süße Milchcreme ersetzen, können Sie diesen köstlichen Shake noch schneller genießen.

FRÜHSTÜCKSSHAKE

Ergibt 1 großes Glas
Zubereitung 5 Minuten

1 MITTELGROSSE BANANE (CA. 100 G)
200 G FROZEN YOGURT NATUR*
220 ML FETTARME MILCH
½ EL AGAVENSIRUP
1 EL HAFERFLOCKEN ODER MÜSLI

Hilfsmittel
MIXER

Die Banane in Scheiben schneiden. Eine Scheibe beiseitelegen. Die restlichen Bananenscheiben mit dem Frozen Yogurt, der Milch und dem Agavensirup zu einer glatten Mischung verarbeiten. Dann die Haferflocken dazugeben und alles 30 Sekunden bei sehr niedriger Geschwindigkeit schaumig schlagen. Den Milchshake in ein großes Glas gießen. Die Bananenscheibe einritzen und auf den Glasrand setzen. Den Shake mit einem dekorativen Strohhalm versehen. Sofort verzehren.

***200 g Frozen Yogurt Natur enthalten etwa 125 g cremig gerührten Joghurt, 50 ml Sahne, 20 g Zucker ... das ist alles (siehe Seite 24).**

GRÜNER MILCHSHAKE

SPINAT – KIWI – SPIRULINA

Ergibt 1 großes Glas
Zubereitung 5 Minuten

1 MITTELGROSSE BANANE (CA. 100 G)
1 KIWI
200 G FROZEN YOGURT NATUR ✳
220 ML FETTARME MILCH
1 TL FEIN GEHACKTER SPINAT
¼ TL SPIRULINA (AUS DEM BIOLADEN)

Hilfsmittel
MIXER

Die Banane in Scheiben schneiden. Die Kiwi schälen und in kleine Dreiecke schneiden. Den Frozen Yogurt, die Milch, den Spinat, die Bananenscheiben, die Kiwistücke und die Spirulina im Mixer zu einer schaumigen Mischung verarbeiten. Diese in ein großes Glas gießen, mit einem dekorativen Strohhalm versehen und sofort verzehren.

✳ 200 g Frozen Yogurt Natur enthalten etwa 125 g cremig gerührten Joghurt, 50 ml Sahne, 20 g Zucker ... das ist alles (siehe Seite 24).

MARCELS EINBLICK IN DIE WELT DER STARS: »GRÜNER MILCHSHAKE«

Grüne Shakes sind die Gesundgetränke aller Hollywoodstars. Sie bestehen aus rohem grünem Gemüse (40 %) und frischen Früchten (60 %), gemischt mit Milch, frischem Joghurt oder Frozen Yogurt. Man kann auch nur Wasser oder Aloe-Vera-Saft hinzugeben. Bei Bedarf kann man sie mit Agavensirup süßen.

GRÜNER MILCHSHAKE

GRÜNER APFEL – GRÜNKOHL

Ergibt 1 großes Glas
Zubereitung 5 Minuten

½ MITTELGROSSER GRÜNER APFEL (CA. 60 G)
40 G GRÜNKOHL (OHNE STIELE)
ODER JUNGER SPINAT
200 G FROZEN YOGURT NATUR*
220 ML FETTARME MILCH
1 EL AGAVENSIRUP

Hilfsmittel
MIXER

Den Apfel schälen, entkernen und in Würfel schneiden. Die Grünkohlblätter waschen, trocken schleudern und in Stücke reißen. Den Frozen Yogurt, die Milch, die Apfelwürfel und die Grünkohlblätter im Mixer zu einer schaumigen Mischung verarbeiten. Diese in ein großes Glas gießen, mit einem dekorativen Strohhalm versehen und sofort genießen.

** 200 g Frozen Yogurt Natur enthalten etwa 125 g cremig gerührten Joghurt, 50 ml Sahne, 20 g Zucker ... das ist alles (siehe Seite 24).*

PISTAZIEN-SCHOKO-MILCHSHAKE

Ergibt 1 großes Glas
Zubereitung 5 Minuten

2 UNGESALZENE PISTAZIEN
200 G FROZEN YOGURT NATUR ODER VANILLE-FROZEN-YOGURT *
220 ML FETTARME MILCH
1 TL PISTAZIENPASTE (AUS DEM FEINKOSTLADEN)
1 TL KAKAOPULVER
½ EL AGAVENSIRUP

Hilfsmittel
MIXER

Die Pistazien im Mörser in kleine Stücke zerstoßen und beiseitelegen. Den Frozen Yogurt, die Milch, die Pistazienpaste, das Kakaopulver und den Agavensirup im Mixer zu einer schaumigen Mischung verarbeiten. Diese in ein großes Glas gießen, mit den zerstoßenen Pistazien bestreuen und mit einem Strohhalm sofort genießen.

** 200 g Frozen Yogurt Natur enthalten etwa 125 g cremig gerührten Joghurt, 50 ml Sahne, 20 g Zucker ... das ist alles (siehe Seite 24). Siehe auch das Rezept für Vanille-Frozen-Yogurt (Seite 26).*

MARCELS KLEINER KOCHKURS

In eine feine Pistazienpaste gehören Pistazien und Puderzucker im Verhältnis 1:1, also genau gleich viel von beidem. Die Pistazien säubern, dann in kochendem Wasser blanchieren. Anschließend kurz abschrecken und trocknen lassen. Im Mörser fein zerstoßen, dann den Puderzucker und nach Belieben ein Eiweiß einarbeiten.

NOUGAT-MILCHSHAKE
MIT SAHNEHAUBE

Ergibt 1 großes Glas
Zubereitung 10 Minuten
Kühlzeit 20 Minuten

100 ML SAHNE
12 G PUDERZUCKER
1 MSP. SAHNESTEIF (NACH BELIEBEN)
200 G FROZEN YOGURT NATUR ODER VANILLE-FROZEN-YOGURT *
220 ML FETTARME MILCH (ODER VOLLMILCH, NACH BELIEBEN)
4 TL NOUGATMASSE

Hilfsmittel
MIXER
HANDRÜHRGERÄT
SPRITZBEUTEL MIT BREITER STERNTÜLLE

Für die Sahnehaube eine Rührschüssel und die Rührbesen des Handrührgeräts 20 Minuten im Gefrierfach kühlen. Anschließend die Sahne in die kalte Schüssel gießen und mit dem Handrührgerät steif schlagen. Am Ende den Zucker und nach Belieben etwas Sahnesteif unterrühren.

Den Frozen Yogurt, die Milch und die Nougatmasse im Mixer zu einer schaumigen Mischung verarbeiten. Die Mischung in ein großes Glas gießen. Mit dem Spritzbeutel eine dekorative Sahnehaube daraufspritzen und das Getränk mit einem Strohhalm versehen. Sofort genießen.

** 200 g Frozen Yogurt Natur enthalten etwa 125 g cremig gerührten Joghurt, 50 ml Sahne, 20 g Zucker ... das ist alles (siehe Seite 24). Siehe auch das Rezept für Vanille-Frozen-Yogurt (Seite 26).*

MARCELS TIPP ZUM KALORIENSPAREN

Aus 100 g Naturjoghurt 0 %, 1 Eiweiß und 20 ml Süßstoff lässt sich eine wunderbar kalorienarme »gefälschte« Schlagsahne zaubern. Das Eiweiß steif schlagen. Den Joghurt vorsichtig mit dem Teigschaber unterheben, ohne den Eischnee zu zerdrücken. Zuletzt vorsichtig den Süßstoff einrühren.

SCHOKO-BIRNEN-MILCHSHAKE
MIT SCHOKOSAHNE

Ergibt 1 großes Glas
Zubereitung 10 Minuten
Kühlzeit 20 Minuten

100 ML SAHNE
12 G PUDERZUCKER
1 EL KAKAOPULVER
1 KLEINE BIRNE
200 G FROZEN YOGURT NATUR *
220 ML ENTRAHMTE MILCH
(ODER VOLLMILCH, NACH BELIEBEN)
1 EL KAKAOPULVER

Hilfsmittel
MIXER
HANDRÜHRGERÄT
SPRITZBEUTEL MIT BREITER STERNTÜLLE

Eine Rührschüssel und die Rührbesen des Handrührgeräts 20 Minuten im Gefrierfach kühlen. Anschließend die Sahne in die kalte Schüssel geben und steif schlagen. Am Ende den Zucker und den Kakao unterheben.

Die Birne in Würfel schneiden. Den Frozen Yogurt, die Milch, die Birnenwürfel und den Kakao im Mixer zu einer schaumigen Mischung verarbeiten.

Die Mischung in ein großes Glas gießen und mit dem Spritzbeutel eine Sahnehaube daraufspritzen. Mit einem dekorativen Strohhalm versehen und sofort genießen.

** 200 g Frozen Yogurt Natur enthalten etwa 125 g cremig gerührten Joghurt, 50 ml Sahne, 20 g Zucker ... das ist alles (siehe Seite 24).*

MARCELS VARIATIONSVORSCHLÄGE

Um der Schlagsahne besonderen Pfiff zu verleihen, können Sie 1 EL Vanillezucker, ein paar Tropfen Minz-, Jasmin- oder ein anderes Aroma oder auch 1 EL abgeriebene Schale einer unbehandelten Zitrone oder Orange untermischen.

SPEKULATIUS-MILCHSHAKE

Ergibt 1 großes Glas
Zubereitung 5 Minuten

4 SPEKULATIUS
200 G FROZEN YOGURT NATUR *
220 ML FETTARME MILCH

Hilfsmittel
MIXER

Einen Spekulatius zerbröseln und beiseitelegen. Die anderen grob hacken. Den Frozen Yogurt, die Milch und die gehackten Spekulatius im Mixer zu einer schaumigen Mischung verarbeiten. Diese in ein großes Glas gießen, mit den Spekulatiusbröseln bestreuen, mit einem dekorativen Strohhalm versehen und sofort genießen.

** 200 g Frozen Yogurt Natur enthalten etwa 125 g cremig gerührten Joghurt, 50 ml Sahne, 20 g Zucker … das ist alles (siehe Seite 24).*

MARCELS TIPP FÜR DAS GEWISSE ETWAS

Bestreuen Sie den Milchshake zusätzlich mit Mini-Marshmallows, Baiserstückchen oder Schokoladenspänen, ganz nach Geschmack.

GRANATAPFEL-BANANEN-LASSI

Ergibt 1 großes Glas
Zubereitung 5 Minuten

½ GRANATAPFEL ODER 100 ML GRANATAPFELSAFT
½ BANANE
125 G BULGARISCHER NATURJOGHURT (MIT 0 % ODER NORMALEM FETTGEHALT, NACH BELIEBEN)
120 ML TEILENTRAHMTE MILCH (ODER FETTARME MILCH, NACH BELIEBEN)
1 EL AGAVENSIRUP

Hilfsmittel
MIXER

Die Granatapfelkerne sorgfältig auslösen. Die halbe Banane in Scheiben schneiden. Den Joghurt, die Granatapfelkerne, die Bananenscheiben, die Milch und den Agavensirup im Mixer zu einer schaumigen Mischung verarbeiten. Diese durch ein Passiersieb abgießen. In ein großes Glas geben, mit einem dekorativen Strohhalm versehen und sofort genießen.

MARCELS KLEINES LEBENSMITTELLEXIKON: »LASSI«

Lassi ist ein ursprünglich in Indien beheimatetes, traditionelles Getränk auf Joghurtbasis. Lassi gibt es in süßen und pikanten Varianten. Besonders gut passt er zu Gerichten mit der typisch indischen Schärfe.

MINZ-LASSI
MIT FLEUR DE SEL

Ergibt 1 großes Glas
Zubereitung 5 Minuten

6 MINZEBLÄTTER
125 G BULGARISCHER NATURJOGHURT (MIT 0 % ODER NORMALEM FETTGEHALT, NACH BELIEBEN)
1 KLEINE PRISE FLEUR DE SEL
120 ML TEILENTRAHMTE MILCH (ODER FETTARME MILCH, NACH BELIEBEN)

Hilfsmittel
MIXER

Die Minzeblätter waschen und trocknen, ein Blatt beiseitelegen. Die restlichen Blätter im Mixer mit dem Joghurt, dem Fleur de Sel und der Milch zu einer schaumigen Mischung verarbeiten. Diese in ein großes Glas geben, mit dem zurückgelegten Minzeblatt dekorieren und mit einem Strohhalm versehen. Sofort genießen.

farine

Kapitel 6

Kuchen

& Desserts

KÄSEKUCHEN 0 %

Für 12 Portionen
Zubereitung 30 Minuten • Abtropfzeit 1 Nacht
Backzeit 1 Stunde 15 Minuten • Ruhezeit 2 Stunden
Kühlzeit 6 Stunden, plus 20 Minuten

Boden
66 G HAFERKLEIE
4 EL STÄRKE
4 G HEFE
4 G ASPARTAM
MARK VON 1 VANILLESCHOTE
120 G QUARK 0% FETT

Käsekuchenmasse
2 KG JOGHURT 0 % FETT
1 KG QUARK 0 % FETT
200 ML AGAVENSIRUP
5 EIER
MARK VON 1 VANILLESCHOTE
300 ML ZITRONENSAFT

Passionsfruchtgelee
300 ML ORANGENSAFT OHNE FRUCHTFLEISCH
3 EL AGAVENSIRUP
4 G AGAR-AGAR
4 PASSIONSFRÜCHTE

Hilfsmittel
1 SPRINGFORM (24 CM Ø, 6,5 CM HOCH)

Den Joghurt und den Quark für die Käsekuchenmasse in ein mit einem Geschirrtuch ausgelegtes Sieb geben und über Nacht abtropfen lassen.

Für den Boden die Haferkleie, die Speisestärke, die Hefe, den Aspartam und das Vanillemark gründlich miteinander vermischen. Den Quark unterrühren. Die Mischung zu einer Kugel formen und 15 Minuten kühl stellen. Den Ofen auf 175 °C vorheizen. Den Boden der Backform mit Backpapier auslegen. Den Teig zwischen zwei Backpapierblättern mit der Teigrolle auf die Größe der Backform ausrollen. Das obere Backpapier abziehen und die Teigscheibe in die Springform legen. Das zweite Backpapier abziehen und überstehenden Teig abschneiden. Im Backofen 15 Minuten goldbraun backen.

Für die Käsekuchenmasse die Quark-Joghurt-Masse mit dem Agavensirup verrühren, dann nach und nach die Eier dazugeben und sorgfältig einarbeiten. Das Vanillemark und den Zitronensaft einrühren. Die Form mit dem Teigboden aus dem Ofen nehmen und die Temperatur auf 155 °C reduzieren. Den Boden mit der Käsemasse bedecken. Den Kuchen wieder in den Ofen schieben und 60 Minuten goldgelb backen. Anschließend im ausgeschalteten Ofen abkühlen lassen. Mit Frischhaltefolie abdecken und über Nacht kalt stellen.

Für das Passionsfruchtgelee den Orangensaft, den Agavensirup und das Agar-Agar in einen Topf geben und alles unter ständigem Rühren aufkochen. Die Passionsfrüchte halbieren und das Fruchtfleisch herauslösen. Den Topf vom Herd nehmen und das Fruchtfleisch unter die Mischung rühren. Das Gelee auf dem Käsekuchen verteilen und diesen dann weitere 20 Minuten kalt stellen. Aus der Form lösen und gekühlt servieren.

KÜCHENCHEF MARCELS VARIATIONSVORSCHLÄGE

Wenn Sie einmal etwas Neues ausprobieren möchten, versuchen Sie es mit einer anderen Sorte von Gelee. Sehr gut passt zum Beispiel ein Erdbeergelee aus 500 g pürierten Erdbeeren und 4 g Agar-Agar oder ein Zitronengelee aus 500 g Zitronencreme (siehe Seite 38) und 4 g Agar-Agar.

VANILLE-KÄSEKUCHEN
MIT SPEKULATIUS-PEKANNUSS-BODEN

Für 12 Portionen
Zubereitung 30 Minuten
Backzeit 2 Stunden 20 Minuten
Kühlzeit 8–12 Stunden
Abtropfzeit über Nacht

Teigboden

75 G PEKANNÜSSE
200 G SPEKULATIUS
60 G GESALZENE BUTTER
50 G MEHL

Käsekuchenmasse

1,2 KG LABNÉ ODER 2,5 KG QUARK
2 VANILLESCHOTEN
500 G CRÈME DOUBLE
5 EIER
1 PRISE SALZ
180 G ZUCKER
2 EL AHORNSIRUP

Hilfsmittel

1 SPRINGFORM (24 CM Ø, 6,5 CM HOCH)

Für die Käsekuchenmasse den Quark, falls verwendet, in ein mit einem Geschirrtuch ausgelegtes Küchensieb geben und über Nacht abtropfen lassen. Dabei sollten 1,2 kg einer recht festen Masse entstehen.

Den Ofen auf 180 °C vorheizen. Für den Teigboden die Pekannüsse auf einem Backblech verteilen und 10 Minuten im Backofen rösten. Die Pekannüsse und die Spekulatius mit dem Messer grob hacken. Die Butter in einem Topf schmelzen lassen. Die gehackten Spekulatius und Pekannüsse sowie das Mehl mit der flüssigen Butter vermischen. Den Boden der Backform mit Backpapier auslegen. Die Teigmischung in die Form drücken und 12 Minuten bei 180 °C backen.

Für die Käsekuchenmasse die Vanilleschoten der Länge nach aufschneiden und das Mark herauskratzen. In einer Rührschüssel den Labné oder Quark mit der Crème double verquirlen. Nach und nach die Eier einarbeiten, dann das Salz, den Zucker, das Vanillemark und den Ahornsirup einrühren. Die Mischung schaumig schlagen und auf dem Teigboden verteilen. In den Ofen schieben und 5 Minuten bei 180 °C backen. Wenn die Käseschicht außen fest ist und in der Mitte noch zittert, ist sie durch. Den Ofen abschalten und den Kuchen 1 Stunde im ausgeschalteten Ofen ruhen lassen. Herausnehmen und vollständig auskühlen lassen, dann über Nacht kalt stellen.

MARCELS KLEINES LEBENSMITTELLEXIKON »LABNÉ«

Labné, eine etwas festere Variante des nahöstlichen Laban, ist ein quarkähnlicher, im östlichen Mittelmeerraum und dem Nahen Osten beheimateter Frischkäse aus fermentierter Milch. Er ist leicht salzig und wird meist mit etwas Olivenöl und Brot verzehrt. Er ist in mediterranen und orientalischen Lebensmittelläden erhältlich.

KÄSEKUCHEN MIT KARAMELLBIRNEN

Für 12 Portionen
Zubereitung 30 Minuten
Backzeit 2 Stunden 20 Minuten
Kühlzeit 8–12 Stunden
Abtropfzeit 12 Stunden

Teigboden
75 G PEKANNÜSSE
200 G SPEKULATIUS
60 G GESALZENE BUTTER
50 G MEHL

Karamellbirnen
3 BIRNEN
30 G PUDERZUCKER

Käsekuchenmasse
1 VANILLESCHOTE
1,2 KG LABNÉ ODER 2,5 KG QUARK
500 G CRÈME DOUBLE
5 EIER
1 PRISE SALZ
180 G ZUCKER
2 EL AHORNSIRUP

Hilfsmittel
1 SPRINGFORM (24 CM Ø, 6,5 CM HOCH)

Den Quark, falls verwendet, in ein mit einem Geschirrtuch ausgelegtes Küchensieb geben und über Nacht abtropfen lassen. Dabei sollten 1,2 kg einer recht festen Masse entstehen.

Den Ofen auf 180 °C vorheizen. Für den Teigboden die Pekannüsse auf einem Backblech verteilen und 10 Minuten im Backofen rösten. Die Pekannüsse und die Spekulatius mit dem Messer grob hacken. Die Butter in einem Topf schmelzen lassen. Die gehackten Spekulatius und Pekannüsse sowie das Mehl mit der flüssigen Butter vermischen. Den Boden der Backform mit Backpapier auslegen. Die Teigmischung in die Form drücken und 12 Minuten bei 180 °C backen.

Für die Karamellbirnen die Birnen schälen und in Würfel schneiden. Die Birnenwürfel und den Puderzucker unter Rühren in einer Pfanne erhitzen, bis die Birnen weich und von einer feinen Karamellschicht umhüllt sind.

Für die Käsekuchenmasse die Vanilleschote der Länge nach aufschneiden und das Mark herauskratzen. Den Labné oder abgetropften Quark leicht mit der Crème double verquirlen. Nach und nach die Eier einarbeiten, dann das Salz, den Zucker, das Vanillemark und den Ahornsirup einrühren. Die Mischung schaumig schlagen. Die Karamellbirnen auf dem Teigboden verteilen, dann die Käsemasse darübergeben. Den Kuchen in den Ofen schieben und 5 Minuten bei 180 °C backen. Wenn die Käseschicht außen fest ist und in der Mitte noch zittert, ist sie durch. Den Ofen abschalten und den Kuchen 1 Stunde im ausgeschalteten Ofen ruhen lassen. Herausnehmen und vollständig auskühlen lassen, dann über Nacht kalt stellen.

MINI-KÄSEKUCHEN
OHNE BACKEN

Für 6 Portionen
Zubereitung 30 Minuten
Backzeit 10–12 Minuten
Ruhezeit 1 Stunde 15 Minuten
Kühlzeit 6 Stunden

Keksböden

120 G MEHL
2 PRISEN SALZ
2 PRISEN TROCKENHEFE
MARK VON 1 VANILLESCHOTE
90 G BUTTER, IN STÜCKE GESCHNITTEN
85 G ZUCKER
2 GROSSE EIGELB

Käsekuchenmasse

720 G FRISCHKÄSE DOPPELRAHMSTUFE
350 ML SAHNE
MARK VON 1 VANILLESCHOTE
180 G BRAUNER ZUCKER
SAFT UND ABGERIEBENE SCHALE
VON 1 UNBEHANDELTEN ZITRONE

Hilfsmittel

6 AUSSTECHFORMEN (Ø 8 CM)
1 HANDRÜHRGERÄT

Eine Rührschüssel sowie die Rührbesen des Handrührgeräts im Gefrierfach kühlen. Den Frischkäse bei Zimmertemperatur etwas warm werden lassen, damit er sich leichter verarbeiten lässt.

Für die Keksböden das Mehl, das Salz, die Hefe, das Vanillemark und die Butterstücke mit den Fingerspitzen zu einem groben Mürbeteig verkneten. Den Zucker einarbeiten. In der Mitte der Teigmasse eine Mulde formen, das Eigelb hineingeben und mit Teig bedecken. Zusammendrücken, dann erneut etwas Teig darüber ziehen und alles zusammendrücken. Auf diese Weise nach und nach das Eigelb vollständig in den Teig einarbeiten. Den Teig zu einer Kugel formen, in Frischhaltefolie wickeln und 1 Stunde kühl stellen. Den Ofen auf 180 °C vorheizen. Den gekühlten Teig noch einmal durchkneten. Auf einer bemehlten Arbeitsfläche auf eine Dicke von etwa 1 cm ausrollen. Mithilfe der Ausstecher Scheiben ausstechen. Jede Teigplatte in ihrem Ausstecher auf ein mit Backpapier belegtes Blech setzen. 12–15 Minuten goldbraun backen. 15 Minuten auskühlen lassen.

Für die Käsekuchenmasse die Sahne steif schlagen und kalt stellen. Den Frischkäse, das Vanillemark, den braunen Zucker sowie Zitronensaft und -schale in einer anderen Schüssel mit dem Handrührgerät verquirlen. Die Schlagsahne mit dem Teigschaber unterheben. Die Masse auf die Keksböden in den Formen verteilen und die Küchlein 6 Stunden in den Kühlschrank stellen. Anschließend aus den Formen lösen und gut gekühlt servieren.

MARCELS TIPP FÜR MEHR RAFFINESSE

Sie können fein geriebene Limettenschale, eine dünne Schicht Zitronen- oder Yuzu-Creme (siehe Seite 38 bzw. 40) oder pürierte rote Früchte auf den Mini-Käsekuchen verteilen.

NUSS-NOUGAT-MUFFINS

Ergibt 8 Muffins
Zubereitung 30 Minuten
Backzeit 22 Minuten

50 G GESALZENE BUTTER
125 G ROHROHRZUCKER
100 G MEHL
50 G GEMAHLENE MANDELN
2 TL TROCKENHEFE
50 G NOUGATMASSE
50 G HASELNÜSSE, GEHACKT
125 G JOGHURT
2 EIER

Hilfsmittel
1 MUFFINBLECH MIT 8 MULDEN (5 CM Ø)

Den Ofen auf 180 °C vorheizen. In einem Topf die Butter schmelzen, dann bei Zimmertemperatur stehen lassen. Den Zucker, das gesiebte Mehl, die Mandeln und die Trockenhefe in einer Schüssel mischen. Die Nougatmasse bei niedriger Temperatur in einem Topf schmelzen lassen. Vom Herd nehmen, die Haselnüsse dazugeben und alles mit dem Teigschaber vermengen. Den Joghurt, die Eier und die flüssige Butter zu einer homogenen Masse verarbeiten. Dann die trockenen Zutaten sowie die Haselnuss-Nougat-Mischung hinzugeben. Alles zügig mit dem Teigschaber zu einem groben Teig vermengen.

Die Mischung auf die gefetteten Muffinförmchen verteilen. Im vorgeheizten Ofen 22 Minuten goldbraun backen.

FRUCHTIGER JOGHURTKUCHEN
MIT ÄPFELN, HASELNÜSSEN & CRANBERRYS

Für 12 Portionen
Zubereitung 30 Minuten
Backzeit 55 Minuten

2 EIER
110 G GESALZENE BUTTER
120 G ZUCKER
150 G MEHL
2 TL TROCKENHEFE
2 ÄPFEL (VORZUGSWEISE GRANNY SMITH), GERIEBEN
50 G CRANBERRYS
100 G JOGHURT
50 G HASELNÜSSE, GEHACKT

Hilfsmittel
1 RECHTECKIGE BACKFORM (21 x 9 CM)
HANDRÜHRGERÄT

Die Eier und die Butter aus dem Kühlschrank nehmen und auf Zimmertemperatur warm werden lassen. Die weiche Butter und den Zucker mit dem Rührgerät schaumig schlagen. Die Eier dazugeben und auf niedriger Stufe einarbeiten. Das gesiebte Mehl und die Trockenhefe dazugeben und mit dem Teigschaber untermischen. Die geriebenen Äpfel, die Cranberrys, den Joghurt und die gehackten Haselnüsse vermengen, dann die Früchtemischung unter die Teigmischung rühren.

Den Backofen auf 180 °C vorheizen. Den Teig in die leicht gefettete Form geben und 15 Minuten backen. Dann die Temperatur auf 160 °C reduzieren und den Kuchen weitere 40 Minuten goldbraun und durch backen.

QUARKKUCHEN

Für 12 Portionen
Zubereitung 45 Minuten
Ruhezeit 1 Stunde
Backzeit 3 Stunden
Kühlzeit 6 Stunden

Teig
180 G WEICHE BUTTER
120 G PUDERZUCKER
40 G GEMAHLENE MANDELN
1 EI
1 EIGELB
1 PRISE SALZ
300 G MEHL

Quarkmasse
750 G QUARK
200 G ZUCKER
MARK VON 2 VANILLESCHOTEN
4 EL SPEISESTÄRKE
150 ML SAHNE
3 EIER, GETRENNT

Hilfsmittel
1 SPRINGFORM (24 CM Ø, 6,5 CM HOCH)
HANDRÜHRGERÄT

Für den Teig die Butter in einer Rührschüssel mit dem Puderzucker zu einer schaumigen Mischung schlagen. Die gemahlenen Mandeln, das Ei, das Eigelb und das Salz dazugeben. Zuletzt das Mehl dazusieben. Alles zu einem glatten Teig verkneten. Den Teig zu einer Kugel formen, in Frischhaltefolie wickeln und mindestens 1 Stunde bei Zimmertemperatur ruhen lassen.

Den Ofen auf 150 °C vorheizen. Für die Quarkmasse den Quark, 150 g Zucker, das Vanillemark, die Speisestärke und die Sahne gründlich verrühren. Das Eigelb untermischen. Das Eiweiß zusammen mit den restlichen 50 g Zucker mit dem Handrührgerät steif schlagen und dann mithilfe eines Teigschabers vorsichtig unter die Mischung heben, ohne dass der Eischnee zusammenfällt.

Den Boden der Springform mit einem Stück Backpapier auslegen. Den Teig zwischen zwei Backpapierblättern auf die Größe der Springform ausrollen. Das obere Backpapierblatt abziehen, dann die Scheibe mit der Teigseite nach unten in die Springform legen. Das zweite Papierblatt abziehen und überstehenden Teig abschneiden. Die Quarkmasse auf den Teig gießen und die Oberfläche glätten. Den Kuchen auf der untersten Schiene des Ofens 2 Stunden backen, anschließend etwa 1 Stunde im ausgeschalteten Ofen bei geschlossener Tür abkühlen lassen. Dann den Kuchen herausnehmen und in der Form auf ein Kuchengitter stürzen. In Frischhaltefolie wickeln und mindestens 6 Stunden in den Kühlschrank stellen. Den Kuchen aus der Form lösen, auf einen runden Teller stürzen und das Gitter abheben.

JOGHURT-CUPCAKES
VANILLE

Ergibt 12 Cupcakes
Zubereitung 30 Minuten
Backzeit etwa 20 Minuten

Cupcakes
3 KLEINE EIER, GETRENNT
150 G PUDERZUCKER
1 PÄCKCHEN VANILLEZUCKER
100 G JOGHURT
120 ML NEUTRALES ÖL
200 G MEHL
3 TL BACKPULVER
1 PRISE FEINES SALZ

Mascarponecreme
100 G MASCARPONE
50 G PUDERZUCKER
MARK VON 1 VANILLESCHOTE
2–3 PRISEN FARBSTOFF NACH BELIEBEN
(DIE VANILLE FÄRBT DIE CREME
EIN WENIG GRÄULICH)

Hilfsmittel
1 MUFFINBLECH MIT 12 MULDEN (5 CM Ø)
HANDRÜHRGERÄT
SPRITZBEUTEL MIT BREITER STERNTÜLLE

Den Ofen auf 180 °C vorheizen. Für die Cupcakes das Eigelb in einer Schüssel mit dem Puder- und dem Vanillezucker verquirlen, bis sich die Mischung hell färbt, dann Joghurt und Öl unterrühren. Das Mehl mit dem Backpulver dazusieben und alles zügig zu einem glatten Teil verarbeiten. Das Eiweiß mit einer Prise Salz mit dem Handrührgerät steif schlagen. Den Eischnee mit einem Teigschaber vorsichtig unter den Teig heben, ohne dass er zusammenfällt. Die Muffinformen einfetten und jeweils zu zwei Dritteln mit der Mischung füllen. Im vorgeheizten Backofen etwa 20 Minuten backen. Aus dem Ofen nehmen und abkühlen lassen, dann aus der Form lösen.

Für die Mascarponecreme den Mascarpone zusammen mit dem Puderzucker und dem Vanillemark mit dem Handrührgerät zu einer glatten Mischung verrühren, dann den Farbstoff untermischen. Die Creme mit Frischhaltefolie abdecken und in den Kühlschrank stellen.

Den Spritzbeutel mit der Mascarponecreme füllen und eine Cremehaube auf jeden Cupcake spritzen.

JOGHURT-CUPCAKES
ZITRONE

Ergibt 12 Cupcakes
Zubereitung 30 Minuten
Backzeit etwa 20 Minuten
Kühlzeit 30 Minuten

Cupcakes

1 KLEINE UNBEHANDELTE ZITRONE
3 KLEINE EIER
150 G PUDERZUCKER
1 PÄCKCHEN VANILLEZUCKER
100 G JOGHURT
120 ML NEUTRALES ÖL
200 G MEHL
3 TL BACKPULVER
FEINES SALZ

Mascarponecreme

100 G MASCARPONE
50 G PUDERZUCKER
1,5 TL ZITRONENSAFT
SCHALE VON ½ UNBEHANDELTEN ZITRONE
4 EL MOHN

Hilfsmittel

1 MUFFINBLECH MIT 12 MULDEN (5 CM Ø)
HANDRÜHRGERÄT
SPRITZBEUTEL MIT BREITER STERNTÜLLE

Den Ofen auf 180 °C vorheizen. Für die Cupcakes die Schale der Zitrone mit einer feinen Raspel abreiben. Das Eiweiß vom Eigelb trennen. Das Eigelb mit dem Puder- und dem Vanillezucker in einer Schüssel verquirlen, bis sich die Mischung hell verfärbt, dann die Zitronenschale, den Joghurt und das Öl unterrühren. Das Mehl und das Backpulver dazusieben und alles zu einem homogenen Teig verrühren. Das Eiweiß mit einer Prise Salz steif schlagen. Den Eischnee mit dem Teigschaber vorsichtig unter den Teig heben, ohne dass er zusammenfällt. Die Muffinformen einfetten und zu jeweils zwei Dritteln mit der Mischung füllen. Im vorgeheizten Ofen etwa 20 Minuten backen. Herausnehmen, abkühlen lassen und aus den Formen lösen.

Für die Mascarponecreme den Mascarpone, den Puderzucker, den Zitronensaft und die -schale zu einer glatten Masse verschlagen. Die Mischung mit Frischhaltefolie abdecken und mindestens 30 Minuten in den Kühlschrank stellen. Anschließend in den Spritzbeutel füllen und die Cupcakes mit der Creme verzieren. Mit feinen Streifen Zitronenschale und Mohn bestreuen und gekühlt servieren.

JOGHURT-MILCHREIS

Für 6 Portionen
Zubereitung 30 Minuten
Kochzeit 35 Minuten
Kühlzeit 2 Stunden

1 L VOLLMILCH
100 G ZUCKER, PLUS 2 EL FÜR DEN JOGHURT
1 VANILLESCHOTE
150 G MILCHREIS
120 G JOGHURT

Die Milch in einen schweren Topf gießen. Den Zucker und die längs aufgeschnittene Vanilleschote hinzugeben. Die Milch zum Kochen bringen und alles gleichmäßig mit einem Holzlöffel verrühren. Den Reis dazugeben, dann den Herd herunterschalten und alles zugedeckt etwa 30 Minuten köcheln lassen, dabei von Zeit zu Zeit umrühren. Vom Herd nehmen und abkühlen lassen. Den Joghurt mit 2 EL Zucker verquirlen und die Mischung unter den Reis rühren. Die Reismasse auf sechs Schüsselchen verteilen und mindestens 2 Stunden kühl stellen.

KÜCHENCHEF MARCEL EMPFIEHLT:

Milchreispuristen wird der Reis am allerbesten einfach so, ohne alles, schmecken. Die anderen können das Dessert je nach Saison mit frischen Früchten, Karamellsauce oder einem Püree aus roten Früchten kombinieren.

QUARKMOUSSE
MIT HIMBEEREN & SPEKULATIUS

Für 6 Portionen
Zubereitung 30 Minuten
Kochzeit 1 Stunde
Kühlzeit 4 Stunden

250 ML SAHNE
500 G QUARK (HALBFETTSTUFE)
4 G AGAR-AGAR
20 G SÜSSSTOFF ODER 150 G ZUCKER
250 G HIMBEEREN
6 SPEKULATIUS

Hilfsmittel:
HANDRÜHRGERÄT
6 KLEINE GLÄSER

Die Sahne in eine Schüssel gießen und etwa 10 Minuten ins Gefrierfach stellen. Herausnehmen und mit dem Handrührgerät steif schlagen. In einem Topf 1 gehäuften EL Quark und den Agar-Agar vermischen und unter Rühren zum Kochen bringen. Die Mischung in eine Schüssel gießen und den restlichen Quark und den Süßstoff unterrühren. Die Sahne unterheben. Die Mischung auf sechs kleine Gläser verteilen und mindestens 4 Stunden kühl stellen. Die Himbeeren waschen. Die Spekulatius grob hacken.

Die Gläser aus dem Kühlschrank nehmen. Jede Portion mit Himbeeren belegen und mit Spekulatiusbröseln bestreuen.

REZEPTVERZEICHNIS

FROZEN YOGURTS

FROZEN SANDWICHES

JOGHURTKOMPOSITIONEN

MILCHSHAKES & LASSIS

KUCHEN & DESSERTS

it mylk

»IT MYLK« IN PARIS

LADEN – 15, rue de l'Ancienne Comédie, 75006 Paris
KIOSK – 1, place Suzanne Valadon, 75018 Paris
GALERIES LAFAYETTE – 48, bd Haussman, 6. Etage, 75009 Paris
FLUGHAFEN PARIS – CHARLES DE GAULLE – Terminal 2 A-C
www.itmylk.fr

WIR DANKEN

Marcel, der uns durch einen einzigen Blick alles vergessen lässt und zum Lachen bringen kann.
JOUR, unserem offiziellen Grünkohllieferanten.
Matthieu für den Rummel, den er rund um dieses Buch veranstalten wird.
Unseren Eltern dafür, dass sie uns den Mut gegeben haben, ins kalte Wasser zu springen, und die Zuversicht, niemals aufzugeben.
Laura und Marie für ihre traumhaften Rezeptideen.
Gabrielle für DAS Frozen-Yogurt-Rezept à la »it mylk«.
David und Sabrina, deren Augen und Hände dieses Buch gestaltet haben.
Camille und Marine mit ihrem unglaublichen Talent.
Mickaël, der alles Alltägliche erledigt hat.
Den Kühen des Bauernhofs von Viltain, *Benoît*, der als Erster an uns geglaubt hat,
und *Franck*, der uns jeden Montag mit gleichbleibender Leidenschaft beliefert.
Unseren Freunden, die das Abenteuer »it mylk« von Anfang an beobachtet haben und uns jeden Tag neuen Mut geben.
Dem ganzen Team von »it mylk«, dessen Arbeitsrhythmus während dieser intensiven Wochen auf eine harte Probe gestellt wurde.
SEB für seine Joghurtbereiter, Mixer und Eismaschinen.
Pauline und Rosemarie, die dieses verrückte Projekt initiiert haben.
Unseren Aktionären, ohne die nichts von all dem möglich gewesen wäre.
All denen, die uns und »it mylk« von Anfang an ihr Vertrauen geschenkt haben und
uns jeden Tag mit ihren wohlwollenden und hilfreichen Ratschlägen zur Seite stehen.
All denen, denen unsere Posts auf Facebook gefallen.
All denen, die uns von überall auf der Welt Benchmark-Fotos schicken.
Dem Twingo, der uns nie im Stich gelassen hat.
All denen, die unseren Weg gekreuzt und dafür gesorgt haben, dass wir unseren Beruf lieben.
All den jungen Unternehmern, die uns klar gemacht haben, dass alles möglich ist.
Édouard für seine kritischen, aber immer durchdachten Kommentare.
Thomas – danke für ... einfach ALLES!
und natürlich *all denen*, die dieses Buch ein-, vierundzwanzig- oder fünfzigmal kaufen und all denen schenken, die sie lieb haben.

IMPRESSUM

Produktmanagement: Franziska Sorgenfrei
Übersetzung aus dem Französischen: Birgit Köpff
Textredaktion und Satz: Gundula Müller-Wallraf
Korrektur: Regina Jooß
Umschlaggestaltung: Caroline Daphne Georgiadis, Daphne Design
Gesamtherstellung: Verlagshaus GeraNova Bruckmann GmbH

Die Deutsche Nationalbibliothek verzeichnet diese Publikation in der Deutschen Nationalbibliografie; detaillierte bibliografische Daten sind im Internet über http://dnb.d-nb.de abrufbar.

Die Originalausgabe mit dem Titel *Frozen Yogurt à la française* wurde erstmals 2013 im Verlag Hachette Livre, Marabout, Frankreich veröffentlicht.

Text: Constance und Mathilde Lorenzi von It Mylk
Styling: Sabrina Fauda-Rôle
Fotos: David Japy
Illustrationen: Alix Baron

ISBN 978-3-86244-638-4